Low Carb Kochbuch

150 einfache und leckere

Rezepte für eine

kohlenhydratarme Ernährung

Michaela Lang

ISBN: 9798596958157

Inhaltsverzeichnis

Vorwort

Wir sind ein kleines Team an jungen Männern und Frauen um Mitte 30, die sich seit frühster Jugend für das Kochen begeistern und eine regelrechte Leidenschaft dafür entwickelt haben. Seit über 10 Jahren treffen wir uns einmal pro Woche, um gemeinsam zu kochen, neue Rezepte auszuprobieren und gemeinsam eine schöne Zeit zu verbringen.

Immer wieder sind Freunde auf uns zugekommen und haben uns erzählt, wie nervig sie es finden, sich beim Kochen ständig neue Rezeptideen einfallen zu lassen oder gar das gesamte Internet nach Rezepten zu durchforsten. Da es uns oft enorm viel Zeit und Energie kostete, dauerhaft das Internet nach tollen Rezepten zu durchsuchen, begannen wir, eine Sammlung mit unseren Lieblings-Rezepten zu erstellen und diese auch ihren Freunden zur Verfügung zu stellen. Im Laufe der Zeit wurde die Nachfrage nach unserer Rezept-Sammlung so groß, dass wir uns dafür entschieden haben, diese tolle Sammlung auch anderen Menschen zur Verfügung zu stellen.

Wenn Sie dieses Buch in den Händen halten, dann möchten Sie die Low Carb-Ernährungsweise ausprobieren oder haben bereits eingehende Erfahrungen mit dieser Form der Ernährung machen können. Wo auch immer Sie auf

Ihrer persönlichen Reise stehen, wir freuen uns sehr, dass Sie uns das Vertrauen schenken und wir Sie dabei begleiten dürfen.

Wir möchten dabei, dass das Buch für Sie mehr ist als eine bloße Rezeptsammlung, mithilfe derer Sie Rezepte stumpf nachkochen. Wir möchten Sie mit diesem Buch inspirieren und dazu anregen, eigene Ideen in die Rezepte einfließen zu lassen. Scheuen Sie sich nicht, einzelne Rezeptelemente zu verändern, indem Sie Zutaten hinzufügen oder weglassen. Halten Sie sich niemals strikt an alle Angaben, wenn Sie sich damit nicht wohlfühlen oder Ihnen einzelne Zutaten nicht zusagen. Oft schmeckt ein Gericht dennoch sehr gut.

Wir haben alle sehr große Freude am Kochen und hoffen, diese Freude auch durch die Rezepte mit Ihnen teilen zu können. Liebe geht sprichwörtlich durch den Magen. Nehmen Sie sich deshalb gerne auch Freunde und Bekannte beim Kochen und Ausprobieren mit. Dann kombinieren Sie den Gesundheitsaspekt auch gleich mit sozialen Komponenten und stärken Ihre sozialen Beziehungen. Wann haben Sie das letzte Mal einen gemütlichen Abend mit Ihren Liebsten verbracht, an dem sie Neues ausprobiert haben und dabei viel Spaß hatten?

Mit diesem Buch möchten wir Sie daran erinnern, auf was es im Leben wirklich ankommt: Die guten Beziehungen und Menschen in unserem Leben. Im Alltag werden wir alle oft von der Arbeit eingespannt und vergessen dabei, auch einmal einen Schritt zurück zu machen und sich dabei auf das Wesentliche zu besinnen.

Doch bevor wir zu den Rezepten kommen, werden wir Ihnen noch ein bisschen erläutern, was Low Carb ist und wieso diese Form der Ernährung möglicherweise genau die Diät ist, die Sie zu Ihrem persönlichen Erfolg führen wird. Darüber hinaus haben wir ein kleines Bonuskapitel für Sie vorbereitet, in dem wir auf die ketogene Ernährung eingehen, welche eine Sonderform der Low Carb-Diät darstellt. Nutzen Sie dieses Buch deshalb auch gerne als Motivationsgrundlage um am Ball zu bleiben und Ihrem Ziel damit täglich näher zu kommen.

Einleitung

Wir alle haben manchmal mit unserem Körper zu hadern. Da ein Gramm zu viel auf den Hüften, da eine Delle, die die Selbstzweifel in uns waschen lassen. Womit hadern Sie? Was möchten Sie gerne mit diesem Buch erreichen? Die Beantwortung dieser Fragen ist besonders wichtig, da Sie vorher wissen sollten, welches Ziel Sie mit diesem Buch verfolgen möchten. Möchten Sie einfach eine neue Form der Ernährung ausprobieren, sich besser und gesünder fühlen oder steht der Abnehmerfolg im Vordergrund?

Wir können Sie an dieser Stelle beruhigen. Das Buch und die Rezepte sind so angelegt, dass alles gleichzeitig möglich ist. Steht der Abnehmerfolg bei Ihnen im Vordergrund, sollten Sie auch immer Ihre aufgenommenen Kalorien im Blick haben.

Denn langfristiges Abnehmen ist nur möglich, wenn die täglich aufgenommene Kalorienmenge unter dem bleibt, was der Körper an Energie täglich benötigt. Denn erst dann greift er auf körpereigene Energiereserven wie Glykogen oder Körperfett zurück.

Das Glykogen sorgt dafür, dass wir auch während des Schlafens ausreichend mit Energie versorgt werden. Das Gehirn unseres Körpers benötigt dabei besonders viel

Energie, weshalb die Sicherstellung einer steten Energieversorgung essentiell und überlebenswichtig ist.

Am Morgen sind die Glykogenspeicher meist geleert und werden während des Tages wieder aufgefüllt, sodass sie für die Zeit, in der wir keine Nahrung zu uns nehmen. Wenn Sie sich normal ernähren, dann werden diese Glykogenspeicher durch die kohlenhydrathaltige Nahrung aufgefüllt und das Körperfett nicht angerührt. Das Glykogen wird vom Körper bevorzugt als Energiequelle genutzt, da hier die gewünschten Kohlenhydrate bereits zur Verfügung stehen, anders als beim Körperfett. Bei einer kohlenhydratreduzierten Ernährung jedoch, sind die Glykogenspeicher schneller verbraucht und der Körper muss auf alternative Energiequellen zurückgreifen.

So hat der Körper zunächst die Wahl zwischen Proteinen (die sich in den Muskelzellen befinden) und dem angelegten Körperfett. Da das Körperfett allerdings für schlechte Zeiten reserviert ist, nimmt sich der Körper zunächst Muskelpartien vor, die kaum genutzt werden und deshalb auch aus Sicht des Körpers entbehrlich sind. Auf diese Weise werden Muskelzellen abgebaut, die den Abnehmerfolg eigentlich verstärken könnten. Muskeln verbrauchen eine große Menge Energie. Werden diese abgebaut, so sinkt auch der Grundumsatz des Körpers.

Dies bedeutet, dass insgesamt weniger Nahrung zu sich genommen werden muss, als normalerweise. Um diesen Effekt zu verhindern, sollten Sie auch auf regelmäßige

Sporteinheiten nicht vollständig verzichten. Durch diese Sporteinheiten signalisieren Sie dem Körper, dass die Muskelpartien benötigt werden und nicht abgebaut werden können. So macht er sich schneller an das ungeliebte Körperfett.

Eine Möglichkeit, um abzunehmen oder auch nur um seine Ernährung stärker hinterfragen zu können, stellt die Low Carb-Diät dar. Low Carb ist sicher jedem einmal als Begriff über den Weg gelaufen. Hollywoodstars schwören auf diese Form der Diät und haben reihenweise mit dieser Form abgenommen. Doch was steckt als Geheimnis hinter dieser Ernährungsform? Der Gedanke hinter Low Carb ist relativ einfach: Verzichte so weit es geht auf Kohlenhydrate, kleine Mengen bleiben jedoch erlaubt. Kohlenhydrate begegnen Ihnen als Leser täglich und jeder möglichen Form.

In der offensichtlichsten Form in Backwaren, Süßigkeiten oder Obst. Während sich im erstgenannten vorrangig Stärke und andere Polysaccharide finden, nehmen Sie durch die beiden anderen Lebensmittel eher Mono- und Disaccharide zu sich. Dabei besteht darin vorrangig das Problem, dass diese kürzeren Zucker schneller ins Blut gelangen und dadurch den Blutzuckerspiegel rasant ansteigen lassen. Schnell wird der Zucker durch Insulin abgebaut, dieses schnelle Abflachen des Blutzuckerspiegels sorgt dann dafür, dass Sie schneller Hunger bekommen als Ihnen lieb ist. Aus diesem Grunde sind diese Lebensmittel nicht nur aufgrund des hohen Kohlenhydratbedarfs nur in

Maßen zu genießen, sondern auch in Bezug auf die Heißhungergefahr. Obst enthält im Gegensatz zumindest noch viele Vitamine und sollte deshalb auch nicht gänzlich vom Speiseplan verbannt werden, Süßigkeiten hingegen liefern dem Körper keinerlei Mehrwert. Aber auch andere Lebensmittel wie Gemüse enthalten je nach Sorte unterschiedliche Mengen an Kohlenhydraten, die Sie kennen sollten, um die Low Carb-Diät hinreichend planen zu können.

Die vorgeschlagenen Rezepte dieses Buches eignen sich für jedes kurz- oder langfristige Ziel. Ob Sie abnehmen möchten oder nur ein bisschen Abwechslung in Ihren Essalltag zu bringen, die Entscheidung liegt ganz bei Ihnen.

Die vielen Hinweise zur Low Carb-Ernährung soll Ihnen helfen zu entscheiden, ob diese Form der Ernährung wirklich für Sie geeignet ist. Denn am Anfang dürfte es Ihnen sicher nicht leichtfallen, auf all die geliebten Süßigkeiten und Fertiggerichte zu verzichten. Sie können aber beispielsweise auch einen „*Cheat Day*" einführen, an dem Sie all dies essen dürfen, worauf Sie während der restlichen Woche verzichten. Dann haben Sie einerseits einen wöchentlichen Ansporn Ihre Diät durchzuhalten, da Sie wissen, dass Sie nicht komplett auf Ihre Leckereien verzichten müssen.

Gerade am Anfang einer solchen Ernährungsumstellung ist Gewohnheit ein wichtiger Faktor beim Abnehmerfolg. Gefährden Sie deshalb Ihre Gewohnheit am Anfang nicht damit, dass es Ihnen schwerfällt, die Diät durchzuhalten. Schaffen Sie sich eine Umgebung, in der es Ihnen leichtfällt, die gesteckten Ziele zu erreichen. Erst wenn es Ihnen leichtfällt, mehr Low Carb in Ihren Alltag zu integrieren, werden Sie es auch schaffen, aus einer anfänglichen Umstellung eine neue Gewohnheit erwachsen zu lassen.

Nach etwa zwei Monaten werden Sie sich an die neue Form der Ernährung gewöhnt haben und Sie werden sich kaum noch daran erinnern, wie Sie sich vorher ernährt haben. Sie werden sich rundum wohl fühlen und die Low Carb-Diät wird Teil Ihres Alltags sein und keine besondere Anstrengung mehr erfordern. Vorausgesetzt natürlich, Sie wollen diese Alternative für sich wählen. Sonst können Sie die vorgeschlagenen Rezepte auch nur dazu nutzen, ab und an Low Carb zu kochen, um Abwechslung in Ihren Speiseplan zu bringen. Welche Alternative Sie auch wählen, wir wünschen Ihnen viel Spaß dabei!

Grundlagen der Low Carb Ernährung

Die Low Carb-Diät bietet sich auch deshalb für eine Ernährungsumstellung an, da sie der natürlichen und steinzeitlichen Ernährungsform mit am nächsten kommt. Die Paleo-Diät - oder auch Steinzeitdiät genannt – ist ebenfalls eine Low Carb-Diät und greift als Energiequelle vorrangig auf Proteine und Fette zurück. So lassen sich durchaus unterschiedliche Varianten der Low Carb-Diät ausmachen, dennoch unterscheiden diese sich meist nur geringfügig und wenn dann auch nur in der Liste der empfohlenen Lebensmittel. Eine etwas strengere Form der Low Carb-Diät werden wir Ihnen in einem separaten Kapitel vorstellen, dazu später mehr.

Unsere Vorfahren, die Jäger und Sammler streiften vor Millionen von Jahren umher und aßen das, was Ihnen die Natur bot. Da Sie sich lediglich in kleinen Gruppen von weniger als hundert Menschen organisierten, bestand kein Erfordernis, dauerhafte und stabile Gesellschaften zu bilden, die durch Mythen und Gesetze zusammengehalten wird. Die Menschen kannten sich untereinander und jeder erfüllte seine Aufgaben so gut er konnte, Die moderne Arbeitsteilung, wie Sie in heutigen Gesellschaften Alltag ist, wurde zu dieser Zeit noch nicht benötigt. Zudem reichte die gesammelte und erlegte Nahrung meist für die gesamte Gruppe. Zwar gab es insbesondere während der Eiszeit lange Phasen des Hungers, doch diese konnten aufgrund unserer besonderen Physiologie gut überstanden werden.

Der Mensch kann im Zweifel mehrere Wochen ohne Nahrung, wenngleich natürlich nicht ohne Flüssigkeit überleben. Aufgrund dieser Gesellschaftsstruktur war Landwirtschaft überflüssig und die Menschen bauten somit auch kein Getreide oder andere kohlenhydratreichen Lebensmittel an. Diese Entwicklung vollzog sich erst, als die Menschengruppen größer wurden und die Sesshaftwerdung dafür sorgte, dass eine größere Zahl an Mündern „gestopft" werden musste. Kohlenhydrate fanden sich in im menschlichen Alltag der Jäger und Sammler vorrangig in roten Früchten und Beeren.

Doch deren Angebot war sehr gering und bedeutete eher eine Ausnahme als die Regel. Aus diesem Grunde fühlen wir uns auch heute noch gut, wenn wir eine große Portion Schokoladentorte zu uns nehmen. Der Körper geht davon aus, dass es sich dabei um ein seltenes Freudenglück handelt und verlangt deshalb möglichst viel davon. Dass wir heute in einer Überflussgesellschaft leben, in der wir stets zum Supermarkt gehen und unser Sättigungsbedürfnis stillen können, kann unser steinzeitlich geformter Körper nicht wissen. Er reagiert immer noch so, als würde weiterhin Mangel herrschen und jedes aufgenommene Kohlenhydrat sei eine Wohltat.

Für uns moderne Menschen bedeutet das, dass wir stets entgegen der Programmierung unseres Körpers handeln müssen. Statt so viele Kohlenhydrate wie möglich zu uns zu nehmen, müssen wir den Verzicht lernen, uns stets mäßigen und bremsen. Das Gute ist: Dies lässt sich alles lernen. Forscher haben herausgefunden, dass unsere Ernährung beeinflusst, worauf wir nahrungsmäßig Appetit verspüren. Umso öfter wir Fastfood zu uns nehmen, desto öfter werden wir genau darauf Lust haben. Somit ist es wichtig, bereits zu Beginn eine stabile Gewohnheit herauszubilden. Eliminieren Sie bereits zu Beginn alle Gewohnheiten, die Sie dazu führen, sich kohlenhydratreich zu ernähren. Nehmen Sie sich beispielsweise stets etwas zu Essen mit auf die Arbeit, hierdurch verhindern Sie, dass Sie das ungesunde Mensaessen verzehren und damit Ihrem Körper nichts Gutes tun.

Diese Ernährungsform ist für Sie geeignet, wenn Sie sich grundsätzlich mit Ihrer Ernährung auseinandersetzen wollen und gut auf tierische und pflanzliche Eiweiße als Energiequelle zurückgreifen können und wollen. Während Ihrer Diät müssen Sie keinesfalls komplett auf Kohlenhydrate verzichten. Ein Gummibärchen am Tag oder eine Portion Obst passt noch leicht in den Ernährungsplan.

Setzen Sie sich allerdings nicht bereits zu Beginn allzu ambitionierte Ziele. Wenn Sie sonst sehr gerne und sehr viele Kohlenhydrate essen, dann sollten Sie nicht von heute auf morgen damit aufhören. Denn unser Körper hasst Veränderungen genauso wie unser Gehirn diese hasst. Jedes

Pfund, das Sie abnehmen, wird Ihr Körper zwanghaft versuchen zu halten. Lassen Sie nicht alle Mahlzeiten weg, die sie gerne zu sich nehmen und fordern Sie Ihren Körper nicht zu sehr heraus. Gönnen Sie sich eine langsame Ernährungsumstellung. Ihr Körper wird es Ihnen danken und Sie vor Heißhungerattacken verschonen.

Während einer Low Carb Diät wird die Zufuhr von Kohlenhydraten reduziert, daher ist es sinnvoll sich damit auseinander zu setzten, welche Lebensmittel viele Kohlenhydrate in sich bergen und welche sich bedenkenlos konsumieren lassen.

Insbesondere tierische Produkte enthalten jede Menge Eiweiß und bieten Ihnen zudem den Vorteil, dass sie Sie über eine längere Periode hinweg sättigen. Daher können Sie, sollten Sie kein Vegetarier oder Veganer sein, während Ihrer Low-Carb-Diät bedenkenlos zu tierischen Eiweißlieferanten greifen. Um Ihnen einen kleinen Einblick zu geben, welche tierischen Eiweißlieferanten im Rahmen der Möglichkeiten liegen, haben wir eine kleine Auflistung zusammengestellt:

Kalbfleisch
Lammfleisch
Rindfleisch
Geflügelfleisch
Schweinefleisch
Wildfleisch
verschiedene Wurstsorten

Die aufgezählten Lebensmittel zählen zunächst zur Kategorie Fleisch. Doch weshalb ist Fleisch bei einer Low-Carb Ernährung ein nicht unwesentliches Lebensmittel? Zunächst einmal ist Fleisch ein Lebensmittel, dass sehr geringe Kohlenhydratwerte aufweist. Jedoch sollte die Qualität des Fleisches gewährleistet sein, ebenso ist zu beachten, ob das angebotene Produkt viel oder wenig Fett enthält. Wichtig ist es zudem darauf zu achten mit welchen Lebensmitteln du Fleisch kombinierst. Dabei ist Gemüse besonders empfehlenswert, da es viele Ballaststoffe enthält.

Doch auch weitere tierische Produkte, darunter Milchprodukte, liefern viel Eiweiß und sättigen dich über den Tag hinaus. Auch hier haben wir eine kleine Auflistung erstellt, sodass Sie einen kleinen Überblick über die sich anbietenden Lebensmittel erhalten:

Käse (verschiedene Produkte)
Butter
Quark
Sahne
Schmand
Creme fraiche
Joghurt

Milchprodukte eignen sich sehr gut bei einer Low-Carb Diät, da diese, viele Eiweiße enthalten und oftmals einen geringen Anteil an Kohlenhydraten in sich bergen. Jedoch ist der Verzehr nicht ganz so problemlos wie zum Beispiel beim Fleisch. Der Kohlenhydratanteil wird zumeist pro 100g eines zu verzehrenden Produkts berechnet.

Jedoch variiert die Menge, die wir zu uns nehmen überdurchschnittlich oft von diesem angegebenen Wert und je größer die Zufuhrmenge wird, desto größer wird auch der Kohlenhydratanteil, der eingenommen wird. Daher ist es enorm wichtig die Menge genaustens zu betrachten und somit auch die Kohlenhydrate möglichst gering zu halten. Jedoch gibt es ein Milchprodukt, das sich nahezu immer bedenkenlos verzehren lässt – Käse. Dieser ist zumeist frei von jeglichen Kohlenhydraten, dennoch gilt es auch hier die Angaben auf der Verpackung genau zu studieren.

Neben Fleisch- und Milchprodukten zählen auch Fisch- und Meeresfrüchte zu der Gruppe tierischer Produkte, die sich für die Low-Carb Ernährung besonders eignen. Hierzu zählen unter anderem folgende Produkte:

Lachs
Garnelen
Hering
Forelle
Hummer
Kabeljau
Aal
Heilbutt
Gambas

Flusskrebse
Zander
Makrele

Mit Fisch und Meeresfrüchten verhält es sich ähnlich wie mit Fleisch. Diese Produkte enthalten keinerlei nennenswerte Kohlenhydratanteile. Insbesondere Fisch birgt sehr viel gesundes Eiweiß in sich, aber ebenso Omega-3-Fettsäuren, die ebenfalls einen wichtigen Einfluss auf unseren Körper haben. Auch Meeresfrüchte bergen viele gesunde Eiweiße in sich und weisen sehr geringe Fettanteile auf. Auch hier ist die Qualität der Ware entscheiden und auch hier ist es empfehlenswert auf eine zusätzlich ballaststoffreiche Ernährung in Form von Gemüse zu setzen.

Eine weiterer Eiweiß-Lieferant ist das Hühnerei. Dieses liefert neben Eiweiß und Fett auch viele wichtige Vitamine und ebenso Aminosäuren, die ebenfalls wichtig für unseren Körper sind. Mit einem Gramm Kohlenhydrate pro Hühnerei ist es somit auch sehr kohlenhydratarm und daher absolut empfehlenswert für die Low-Carb Diät. Jedoch sollte nicht außer Acht gelassen werden, dass Eier Cholesterin beinhalten und daher sollten Eier nicht in rauen Mengen zu sich genommen werden. Wie bereits erwähnt, ist Gemüse besonders ballaststoffreich und eignet sich super zum Verzehr in Kombination mit Fisch, Meeresfrüchten und Fleisch. Es folgt eine Auflistung von Gemüse, dass auf deinem Speiseplan nicht fehlen sollte.

Karotten
Paprika
Kohlrabi
Spargel
Pilze
Sellerie
Poree
Lauchzwiebeln
Blattsalate
allerlei Kohlsorten
Zucchini
Spinat
Brokkoli
Gurke
Mangold, usw.

Gemüse nimmt innerhalb der Low-Carb Ernährung einen besonders hohen Stellenwert ein und sollte auch in deinem Speiseplan einen sehr großen Teil einnehmen. Die Inhaltsstoffe von Gemüse sind überaus gesund und zudem ist Gemüse äußerst kalorienarm. Wie bereits mehrfach erwähnt, birgt Gemüse viele Ballaststoffe in sich und diese sorgen dafür, dass das Sättigungsgefühl von langer Dauer ist.

Neben Gemüse gilt es auch Obst in der Low-Carb Ernährung nicht zu vernachlässigen. Nachfolgend folgt eine Zusammenstellung von Obst, das sich besonders bei der Low-Carb Ernährung eignet:

Apfel
Birne
Beerenfrüchte
Sauerkirschen
Avocado
Pfirsiche
Kiwi
Wassermelone
Zitrusfrüchte
Kaki
Nektarinen
Ananas
Weintrauben
Aprikosen

Obst kann während der Low-Carb Diät nicht ganz so bedenkenlos zu sich genommen werden, da Obst über einen hohen Zuckergehalt verfügt und somit eher ungeeignet erscheint. Dennoch ist Obst wichtig, da es Vitamine, Mineralien und Ballaststoffe enthält, die für die tägliche Ernährung von großer Bedeutung sind. Jedoch sollte die Obstmenge geringgehalten werden.

Auch Nüsse und Samen enthalten gesunde Eiweiße und sind vom Speiseplan während der Low-Carb Ernährung nicht wegzudenken. Hierzu zählen:

Pistazien
Chia-Samen
Leinsamen

Mohn
Mandeln
Kürbiskerne
Sesam
Pinienkerne
Unterschiedliche Nüsse
Cashewkerne
Sonnenblumenkerne

Nüsse und Kerne sind innerhalb der Low-Carb Ernährung wichtige Begleiter, da diese keine oder kaum Kohlenhydrate enthalten. Doch auch hier ist Vorsicht geboten. So sind Cashewkerne recht kohlenhydrathaltig und sollten daher nur mit Vorsicht genossen werden. Dennoch enthalten Nüsse wichtige Omega-3-Fettsäuren, zudem auch Omega-6-Fettsäuren, die das Immunsystem stärken. Insbesondere Kürbiskerne und Leinsamen sind tolle Lieferanten von Eiweißen.

Doch auch innerhalb der Low-Carb Diät gilt es den Speiseplan abwechslungsreich und nährstoffreich zu gestalten. Da es nicht darum geht, Kohlenhydrate gänzlich zu meiden, sondern lediglich darum diese zu reduzieren, ist es durchaus möglich gesunde Kohlenhydratlieferanten zu sich zu nehmen, die Mengen dabei aber gering zu halten. Hierbei zählen Kartoffeln, Quinoa, Cous-Cous, aber auch Amaranth zu Kohlenhydraten, die in den eigenen Speiseplan in geringen Mengen gut integrierbar sind.

Doch neben Lebensmitteln, die sich für die Low-Carb Ernährung gut eignen, gibt es auch Lebensmittel, die Sie tunlichst vermeiden sollten. Oftmals fängt es bereits beim Frühstück an. Wir sind in Eile und besorgen uns schnell ein Brötchen beim Bäcker um die Ecke, bevor der lange Arbeitstag beginnt. Doch Brot und Brötchen, sowie etwaiges Getreide wie zum Beispiel Reis oder Haferflocken gilt es während der Low-Carb Ernährung zu vermeiden. Denn diese Lebensmittel sind voller Kohlenhydrate, allerdings finden sich in ihnen keinerlei nennenswerte Ballaststoffe wieder, die für eine langhaltige Sättigung sorgen. Sollten Sie dennoch nicht auf Brot verzichten können, besteht die Möglichkeit auf eine Alternative zurückzugreifen, die weniger Kohlenhydrate aufweist – das Low-Carb-Brot. Dieses lässt sich auch wunderbar selbst zubereiten.

Auch die heißgeliebten Nudeln, die sich vermutlich in jeder Küche finden lassen, gehören während der Low-Carb Ernährung nicht auf den Speiseplan, denn sie enthalten, selbst in der Vollkornvariante zu viele Kohlenhydrate und würden so den Rahmen an einzunehmenden Kohlenhydraten pro Tag sprengen. Doch nicht nur der hohe Anteil an Kohlenhydraten ist abschreckend, auch die geringe Ballaststoffmenge macht Nudeln zu einem ungeeigneten Begleiter der Low-Carb Ernährung.

Doch auch hier gibt es Alternativen, zu denen Sie beherzt greifen dürfen, wenn die Lust nach Nudeln zu groß erscheint. So gibt es zahlreiche Varianten von Low-Carb Nudeln, die sich wunderbar in ihren Speiseplan einfügen lassen können.

Das Frühstück ist bekanntlich die wichtigste Mahlzeit des ganzen Tages und so ist es nicht verwunderlich, dass es zahlreiche Variationen von Frühstück gibt. So ist das leckere und gesund klingende Müsli für viele bereits eine Alternative zum klassischen Brot-Frühstück geworden. Jedoch enthält diese viel Zucker und fällt bei einer Low-Carb Ernährung heraus. Doch auch die Variante ohne Zucker hat es in sich. Greifen Sie auf die vermeintlich gesunden Haferflocken zurück, werden Sie schnell feststellen, dass diese, viele Mengen an Kohlenhydraten in sich bergen.

Wer nicht auf das Müsli am Morgen verzichten möchte, dem sei gesagt, dass dies auch gar nicht notwendig ist. Es gibt eine Möglichkeit der Low-Carb Ernährung treu zu bleiben und dennoch nicht auf das leckere Müsli am Morgen zu verzichten. Dabei gilt es selbst kreativ zu werden und sein ganz eigenes Low-Carb Müsli zu kreieren. Hierzu eignen sich Nüsse, sowie Kerne und Samen, die wenige bis kaum nennenswerte Kohlenhydrate enthalten.

Insbesondere Vegetarier und Veganer greifen zu Bohnen und Hülsenfrüchten um ihren Bedarf an Eiweiß darüber zu decken, denn Bohnen und Hülsenfrüchte gelten als besonders proteinreich. Ein weiterer Vorteil liegt darin begründet, dass Bohnen und Hülsenfrüchte viele Ballaststoffe in sich tragen und somit über einen längeren Zeitraum sättigen. Doch neben all diesen guten Eigenschaften sollte nicht unbeachtet gelassen werden, dass Bohnen und Hülsenfrüchte viele Kohlenhydrate in sich bergen und daher eher ungeeignet sind für die Low-Carb Diät.

Zuckerhaltige Lebensmittel, aber auch Zucker selbst sollte während einer Low-Carb Diät tunlichst vermieden werden. Daher fallen Süßigkeiten, leckere Torten, Cookies und Schokolade leider vom Speiseplan herunter. Auch Honig, Agavendicksaft oder Ahornsirup zählen in diese Kategorie mit hinein. Ein wichtiger Grund auf diese Leckereien zu verzichten, liegt darin begründet, dass diese Lebensmittel keinerlei nennenswerte Nährstoffe mit sich bringen und daher kaum etwas für den Körper tun. Da während der Low-Carb Ernährung darauf geachtet werden muss, dass kohlenhydrathaltige Lebensmittel, die zu sich genommen werden ballaststoffreich und nährstoffhaltig sind, reihen sich Leckereien nicht in diese Kategorie ein. Eine Möglichkeit sich dennoch nicht vollständig im Verzicht üben zu müssen ist es auf Alternativen zu Zucker zurückzugreifen, diese finden Sie unter anderem in Birkenzucker.

Milchprodukte zählen generell zu der Gruppe Lebensmittel, die sich gut für die Low-Carb Ernährung eignen. Doch auch hier ist Vorsicht geboten. Milch birgt einige vorteilhafte Nährstoffe in sich, die wichtig für den menschlichen Körper sind, jedoch sollten die damit einhergehenden Kohlenhydrate nicht unterschätzt werden. Eine pflanzliche Alternative kann hierbei schon einen Unterschied ausmachen.

Doch neben Milch gilt es auch Joghurt nicht zu unterschätzen. Naturjoghurt birgt kaum nennenswerte Kohlenhydrate in sich und eignet sich daher prima. Greifen Sie daher im Supermarkt zu Naturjoghurt und verzichten Sie auf Joghurt, der Frucht enthält oder aber gesüßt und fettreduziert erscheint. Diese Sorten tragen Kohlenhydrate in sich und sollten daher tunlichst vermieden werden. Auch hier ist der Griff zu einer Alternative die bessere Wahl. So lässt sich Naturjoghurt super mit frischen Früchten kombinieren und bringt so weitaus weniger Kohlenhydrate mit sich.

Fruchtsäfte gilt es während der Low-Carb Ernährung zu vermeiden. Diese enthalten möglicherweise einige Nährstoffe, sind allerdings schnell verdaut und tragen dazu bei, dass der Blutzuckerspiegel ansteigt. Möchten Sie dennoch nicht auf Saft verzichten, so ist Gemüsesaft eine passende Alternative, die zudem weitaus weniger Kohlenhydrate enthält. Grundsätzlich gilt allerdings auf Säfte zu verzichten und stattdessen lieber zur gesamten Frucht zu greifen, denn Säfte, und somit flüssige Kohlenhydrate sättigen nicht. Das Gehirn nimmt Kohlenhydrate in fester Form besser wahr.

Auch ein Gläschen Wein oder Bier ist während der Low-Carb Ernährung möglich. Greifen Sie hierbei zu trockenem Wein, denn dieser enthält kaum Kohlenhydrate. Umso höher der Alkoholgehalt des Getränkes ist, umso geringer sind die darin enthaltenen Kohlenhydrate. Vorsicht ist geboten bei Bier, hier sollten Sie sich vorher genaustens informieren, welche Sorte sich bestens eignet. Insbesondere während der Weihnachtszeit wird auch oftmals zu Glühwein gegriffen, doch auch hier ist Vorsicht geboten, dieser enthält zumeist einiges an Kohlenhydraten und sollte eher gemieden werden.

Gemüse zählt zum wichtigsten Begleiter während der Low-Carb Ernährung, da es viele Ballaststoffe enthält und somit langfristig satt hält. Zudem ist Gemüse sehr gesund, trägt zu einer abwechslungsreichen und ausgewogenen Ernährung bei, hilft den Blutzuckerspiegel zu regulieren und ist zudem ein wichtiger Helfer. im Rahmen der Gewichtsreduktion. Doch auch hier ist Vorsichtig geboten. Einige Gemüsearten eignen sich nicht für die Low-Carb Ernährung, da sie viele Kohlenhydrate in sich bergen. Dazu zählen: Kartoffeln, Süßkartoffeln, Pastinaken, aber auch Zuckermais. Natürlich können Sie dennoch auf diese Lebensmittel zurückgreifen um ihren Speiseplan abwechslungsreicher zu gestalten, sollten dabei aber immer das Verhältnis im Auge behalten.

Obst sollte ebenfalls ein ständiger Begleiter während der Low-Carb Ernährung sein, doch auch hier ist Vorsicht geboten. Einige Obstsorten bergen viele Kohlenhydrate in sich und sollten tunlichst vermieden werden. Insbesondere Trockenobst, aber auch Obst aus der Konserve gilt es absolut zu meiden. Diese enthalten viele Kohlenhydrate und zu wenige sättigende Ballaststoffe. Früchte wie

Beeren eignen sich super für die Low-Carb Ernährung, da sie wenig Zucker enthalten, aber zeitgleich hohe Ballaststoffwerte aufweisen.

Bonus-Kapitel: Crashkurs „Ketogene Ernährung“

Eine Sonderform der Low Carb-Diät stellt die ketogene Diät dar, welche noch strenger ist, wenn es um die erlaubte Menge an aufgenommenen Kohlenhydraten ist. Anders als die klassische Low Carb-Diät versucht die ketogene Ernährung auch die Kohlenhydratmenge in klassischerweise kohlenhydratarmen Lebensmitteln wie Gemüse zu meiden.

Diese Art der Low Carb-Diät setzt auf Fette statt Proteine und verzichtet dabei nahezu vollständig auf Kohlenhydrate. Gerade für Anfänger ist diese Form der Ernährung zu Beginn schwer durchzuführen, da in unserem modernen Alltag und in unseren diversen Küchen Kohlenhydrate eine wichtige Rolle spielen. Ob wir abends mit unseren Freunden ins Fast-Food-Restaurant gehen oder sonntags bei unseren Eltern Mittagessen. Überall finden sich auf dem Speiseplan Kohlenhydrate.

Besonders gerne greifen Vegetarier und Veganer aufgrund der sättigenden Wirkung auf Kohlenhydrate in Form von Ballaststoffen zurück. Ziel der kohlenhydratreduzierten Ernährung ist die Ketose. Diese stellt sich normalerweise in starken Hungerphasen oder bei einer kohlenhydratverminderten Ernährung ein. Im Rahmen einer kohlenhydratreichen Ernährung gewinnt der Körper seine benötigte

Energie aus den Kohlenhydraten.

Da diese allerdings bei der ketogenen Ernährung nahezu vollständig ausbleiben, muss der Körper auf eine alternative Energiequelle zurückgreifen. Diese alternative Energiequelle stellen die sogenannten Ketonkörper da, die während der Ketose gebildet und dann im Wege des Stoffwechsels zur Energieversorgung des Körpers genutzt werden. Diese Ketonkörper gewinnt der Körper aus Fetten, die entweder dem Körper zugeführt werden oder in Form von Körperfett in den Fettzellen des Körpers gespeichert sind.

Menschen, die ihre Ernährung dahingehend umstellen, bemängeln oft den stark acetonhaltigen Mundgeruch. Dieser ist aber normal und muss keinen Anlass zur Sorge bieten. Aceton ist nämlich ebenfalls ein Ketonkörper und wird im Rahmen des Fettstoffwechsels gebildet.

Fette gelten gerade in Diätkreisen oft fälschlicherweise als Dickmacher und auch diverse Unternehmen werben damit, besonders fettreduzierte Produkte in ihrem Sortiment anzubieten. Dass es sich dabei oft um Produkte handelt, die zum Zwecke des Geschmacks zwar weniger Fett, dafür aber mehr Zucker enthalten, wird dabei gerne außer Acht gelassen.

Dieser enthaltene Zucker hat dabei auch den Nachteil, dass er den Blutzuckerspiegel allzu schnell nach oben schnellen lässt und dabei nach dem ebenso raschen Abflachen Heißhungerattacken fördert. Aus diesem Gründe müssen Sie sich keine Sorgen machen, wenn Sie sich für die ketogene Ernährungsweise entscheiden wollen: Durch das Weglassen der Kohlenhydrate und der vermehrten Aufnahme von Fetten als Hauptenergieträger werden Sie Ihren Körper langfristig daran gewöhnen, Ketose zu betreiben. Er wird dann nicht nur die aufgenommenen Fette nutzen, sondern auch ihr Körperfett nutzen.

Eine Gewichtsabnahme kann dadurch recht schnell und effizient herbeigeführt werden. Dabei sollten Sie stets darauf achten, eine gesunde Mischung zwischen gesättigten und ungesättigten Fettsäuren zu sich zu nehmen. In der Öffentlichkeit wurde in der Vergangenheit oft zwischen gesunden und ungesunden Fetten unterschieden, dieser Vergleich hinkt allerdings, da der Körper beide Fettarten benötigt, um gesunde Zellmembranen ausbilden zu können.

Sie werden sich jetzt bestimmt fragen: Hat die ketogene Ernährung möglicherweise darüber hinaus auch noch andere Besonderheiten, die es zu beachten gilt? Ist mit Einschränkungen im Alltag zu rechnen? Da können wir Ihnen Entwarnung geben: Mit der ketogenen Ernährungsweise können Sie weiterhin wie gewohnt Sport treiben oder anderen Freizeitaktivitäten nachgehen. Diese Ernährung lässt sich auch hervorragend mit anderen Ernährungsformen kombinieren, beispielsweise dem Intervallfasten. Sportler mögen am Anfang Bedenken haben, besteht doch ein Großteil der Sportlerernährung gewöhnlich aus den bekannten Proteinen und Kohlenhydraten.

Der Vorteil von Fetten als Energiequelle besteht jedoch darin, dass der Körper diese dauerhaft nutzbar hat, während ihm Kohlenhydrate nur begrenzt zur Verfügung stehen. Das Glykogen, welches aus vielkettigen Kphlenhydraten besteht, ist nach einigen Stunden körperlicher und ausdauernder Betätigung nahezu komplett aufgebraucht. Danach muss dem Körper erneut Kohlenhydrate zugeführt werden. Fette hingegen hat der Körper nahezu unbegrenzt. So eignet sich die ketogene Ernährung verständlicherweise besonders für Ausdauersportarten. Zu Beginn der Ernährungsumstellung sollte der Sport allerdings erst einmal reduziert werden. Da der Körper bereits durch die Ernährungsumstellung belastet wird, sollten allzu anstrengende und kraftraubende Sportarten möglichst gemieden werden. Nach zwei Wochen kann hingegen ganz normal Sport getrieben werden.

Anmerkungen zum Kochbuch

Liebe Leserin, lieber Leser, wir möchten an dieser Stelle kurz auf ein paar wichtige Punkte zu diesem Kochbuch eingehen. Zum einen werden Sie schnell feststellen, dass in unserem Kochbuch keine Fotos enthalten sind.

Auf den ersten Blick werden Sie vielleicht etwas enttäuscht sein, aber auf den zweiten Blick, werden Sie feststellen, dass dies auch zahlreiche Vorteile mit sich bringt. Durch das Weglassen der Fotos können wir die Druckkosten des Buches geringhalten, und dieses damit natürlich auch zu einem sehr günstigen Verkaufspreis anbieten. Zum Vergleich: Genau das gleiche Kochbuch mit Bildern und in Farbe müssten wir für ca. den dreifachen Preis anbieten.

Zusätzlich haben wir festgestellt, dass in der Praxis die nachgekochten Gerichte in den seltensten Fällen die Optik des Fotos treffen, so dass nicht selten eine gewisse Enttäuschung eintritt. Meist sind die Fotos in Kochbüchern ein dutzend Mal bearbeitet und spiegeln in keinster Weise die Realität wieder.

Um Ihnen also diese Enttäuschung zu ersparen und unser

tolles Kochbuch zu einem sehr günstigen Preis anbieten zu können, haben wir uns dazu entschlossen, dieses Kochbuch ohne Fotos anzubieten.

Und nun genug der einleitenden Worte! Wir wünschen Ihnen viel Freude beim Nachkochen dieser tollen Rezepte.

Michaela Lang und Team

Low Carb Rezepte zum Frühstück

1. Joghurt Pfirsich Starter

Portion: 1
Zubereitung: ca. 10 Min.
Nährwerte: 87 kcal / Fett 1g / KH 15 g / EW 4g

Zutaten:

- 1 Pfirsich
- 50 g Joghurt
- 50 ml Kokosmilch
- Karotten
- 100 ml kaltes Mineralwasser
- Eiswürfel

Zubereitung:

1. Als erstes die Haut der Pfirsich abziehen und den Kern entsteinen • Anschließend halbieren und würfeln Sie den Pfirsich.
2. Geben Sie in ein Gefäß die Kokosmilch und den Joghurt mit den Pfirsichwürfeln hinzu • Pürieren Sie diese mit dem Stabmixer.
3. Zum Schluss, fügen Sie das Mineralwasser mit den Eiswürfeln in die fertig pürierte Masse und geben Sie die Mischung in ein Glas.

2. Omelette mit Zwiebeln

Portion: 2
Zubereitung: ca. 30 Min.
Nährwerte: 235 kcal / Fett 13g / KH 13g / EW 15g

Zutaten:

- 3 rote Zwiebeln
- 4 Eier
- 1 TL Keim-Öl
- 1 EL Mineralwasser
- Salz
- Pfeffer

Zubereitung:

1. Schälen und schneiden Sie die roten Zwiebeln in Ringe • Anschließend erhitzen Sie das Keim-Öl in einer beschichteten Pfanne • Braten Sie die Zwiebelringe bei kleiner Hitze 6 Minuten und wenden Sie diese immer wieder.
2. Fügen Sie die Eier und das Mineralwasser in ein großes Gefäß und verquirlen Sie die Mischung. Fügen Sie eine Prise Salz sowie Pfeffer hinzu und rühren Sie erneut.
3. Anschließend geben Sie die Eiermischung über die Zwiebelringe und lassen Sie diese Mischung bei kleiner Hitze 8 - 10 Minuten ruhen bevor Sie das Omelette genießen.

3. Eiweißbrot aus Quark

Portion: 1
Zubereitung: ca. 70 Min.
Nährwerte: 130 kcal / Fett 10g / KH 3g / EW 6g

Zutaten:

- 50 g geschrotete Leinsamen
- 50 g grobe Haferflocken
- 50 g gemahlene Mandeln
- 50 g Kokosmehl
- 50 g Weizenkleie
- 50 g Haselnüsse
- 75 g Sonnenblumenkerne
- 200 g Magerquark
- 1 Päckchen Backpulver
- 3 große Eier
- Salz
- 120 ml Wasser

Zubereitung:

1. Weichen Sie die Leinsamen und die Haferflocken in 120 ml Wasser für eine Stunde ein bis sie quellen • Nach einer Stunde Quellzeit, heizen Sie den Backofen auf 180 Grad.
2. Mischen Sie zunächst alle trockenen Zutaten in einer großen Schüssel und fügen Sie die Eier und den Quark hinzu und verrühren die Zutaten.
3. Anschließend fügen Sie die vorher aufgequollene Masse in die Schüssel hinzu und kneten die Masse gut zusammen • Achten Sie darauf, dass der Teig nicht zu feucht wird.

4. Legen Sie die Masse in eine kleine Kastenform oder in eine feuerfeste Auflaufform und backen Sie das Brot 35-40 Minuten • Nach Ablauf der Zeit holen Sie das Brot raus und wenden es und backen von der anderen Seite nochmal 10 Minuten weiter.
5. Nachdem das Brot fertig gebacken ist, holen Sie es vorsichtig heraus und legen Sie ein Tuch darüber.

4. Protein Waffeln

Portion: 1
Zubereitung: ca. 15 Min.
Nährwerte: 158 kcal / Fett 10g / KH 2g / EW 14g

Zutaten:

- 100 g Magerquark
- 50 g Butter
- 6 EL Eiweißpulver
- 2 EL Rapsöl
- 4 Eier

Zubereitung:

1. Schmelzen Sie die Butter in einem Topf • Anschließend fügen den Quark mit den Eiern und dem Rapsöl hinzu • Verrühren Sie alles mit dem Handrührgerät.

2. Nun geben Sie das Eiweißpulver unter die bereits verrührte Masse und rühren alles weiter • Inzwischen heizen Sie das Waffeleisen vor.

3. Fügen Sie die fertige flüssige Teigmasse vorsichtig mit einem Kelch oder einem Löffel in das Waffeleisen und backen Sie es bis es goldbraun wird.

5. Low Carb Wrap

Portion: 1
Zubereitung: ca. 15 Min.
Nährwerte: 124 kcal / Fett 8g / KH 3g / EW 9g

Zutaten:

- 4 große Blätter Eisbergsalat
- 100 g Hähnchen brust
- 100 g Paprika
- 100 g Griechischer Joghurt
- 100 g Gouda in Scheiben
- 1 TL Kräutermischung nach Wahl
- ½ Zwiebel
- Salz
- Pfeffer

Zubereitung:

1. Verrühren Sie gleichmäßig den Joghurt mit der Kräutermischung zusammen und fügen Sie Pfeffer und Salz hinzu.

2. Legen Sie anschließend 2 Eisbergblätter übereinander und belegen Sie diese mit 2 Scheiben Gouda und 2 Scheiben Hähnchenbrust.

3. Dann bestreichen Sie die Hähnchenbrust mit der Joghurtcreme und legen ein paar Streifen Paprika und ein paar Zwiebelringe darauf.

4. Rollen Sie zuerst die untere Seite des Eisbergblattes bis zur Hälfte und klappen Sie rechts und links die Seiten darüber und rollen Sie die untere Seite komplett auf bis eine fertige Rolle entsteht.

6. Sattmacher

Portion: 1
Zubereitung: ca. 10 Min. / Ruhezeit: ca. 1 Tag
Nährwerte: 237 kcal / Fett 7g / KH 21g / EW 21g

Zutaten:

- 2 Orangen
- 5 EL Haferflocken zart
- 100 g Naturjoghurt

Zubereitung:

1. Pressen Sie die 2 Orangen aus und schneiden Sie etwas übrig gebliebenes Fruchtfleisch in kleine Stücke.

2. Verrühren Sie nun den Orangensaft mit den Haferflocken und fügen Sie den Naturjoghurt mit den kleinen Fruchtfleischstücken hinzu und füllen alles in einen Behälter und schließen den Deckel und stellen die Mischung bis zum nächsten Morgen in den Kühlschrank.

7. Haferbrei mit Honig

Portion: 1
Zubereitung: ca. 10 Min.
Nährwerte: 377 kcal / Fett 11g / KH 50g / EW 17g

Zutaten:

- 50 g Haferflocken zart
- 250 ml Milch
- 2 TL Honig
- 0,5 TL Zimt

Zubereitung:

1. Erhitzen Sie in einem Topf die Haferflocken und die Milch mit dem Honig • Rühren Sie alles mit einem Schneebesen bis die Mischung aufkocht und schalten die Hitze zurück bis alles nur noch langsam blubbert.

2. Der Haferbrei ist dann auch schon Verzehrbereit und kann, wenn gewünscht, mit Zimt bestreut werden.

8. Frühstückspudding

Portion: 1
Zubereitung: ca. 15 Min.
Nährwerte: 478 kcal / Fett 28g / KH 36g / EW 17g

Zutaten:

- 8 EL Leinsamen-schrot
- 400 ml Mandelmilch
- 1 Banane
- 1 Apfel
- 1 TL Zimtpulver

Zubereitung:

1. Einen Tag vor Verzehr werden die Leinsamen mit der Mandelmilch verrührt und zugedeckt in den Kühlschrank gestellt.

2. Am nächsten Tag schneiden Sie die Bananen und den Apfel in Scheiben. Nun rühren Sie den Leinsamenpudding um und garnieren diesen mit dem Obst und wenn gewünscht auch mit etwas Zimt.

9. Tortilla mit Tomaten und Schafskäse

Portion: 1
Zubereitung: ca. 25 Min.
Nährwerte: 249 kcal / Fett 14g / KH 8g / EW 21g

Zutaten:

- 1 Zwiebel
- 100 g Kirschtomaten
- 3 Eier
- 6 EL Milch
- Salz
- Pfeffer
- ½ EL Tomatenmark
- 1 TL Olivenöl
- 50 g milder Schafskäse

Zubereitung:

1. Schneiden Sie die Zwiebel und die Tomaten in feine Würfel. Anschließend verquirlen Sie die Eier mit Salz und Pfeffer sowie dem Tomatenmark.

2. Nehmen Sie zum Erhitzen eine beschichtete Pfanne und dünsten die Zwiebel an. Dann die Tomaten hinzufügen und auf mittlerer Hitze weiter dünsten.

10. Avocado Hüttenkäse auf Vollkorn

Portion: 1
Zubereitung: ca. 5 Min.
Nährwerte: 478 kcal / Fett 28g / KH 37g / EW 16g

Zutaten:

- 2 Scheiben Vollkorn-brot
- 60 g Hüttenkäse
- ½ Avocado
- ½ Limette
- Salz
- Pfeffer

Zubereitung:

1. Schneiden Sie das Fruchtfleisch aus der Avocado heraus und träufeln etwas Limettensaft darüber.

2. Anschließend das Vollkornbrot mit Hüttenkäse bestreichen und die Avocadoscheiben drauflegen und mit Salz und Pfeffer würzen.

11. Rührei mit Bacon

Portion: 4
Zubereitung: ca. 10 Min.
Nährwerte: 804 kcal / Fett 56g / KH 7g / EW 62g

Zutaten für 1 Portion:

- 6 Eier
- 2 Cherrytomaten
- 2 EL Olivenöl
- 100 g Bacon
- Salz
- Pfeffer

Zubereitung:

1. Die Eier in einer Schale mit Salz und Pfeffer würzen und verquirlen. In eine beschichtete Pfanne den Bacon knusprig backen • Inzwischen die Tomaten halbieren.

2. In einer weiteren Pfanne das Öl erhitzen und die Eier hineingeben und mehrmals durch die Pfanne ziehen und bei mittlerer Hitze garen.

3. Anschließend die fertigen Eier auf zwei Teller geben und mit Tomaten und Bacon anrichten.

12. Frühstücksmuffins

Portion: 1
Zubereitung: ca. 40 Min.
Nährwerte: 312 kcal / Fett 27g / KH 6g / EW 9g

Zutaten:

- 200 g gemahlene Mandeln
- 100 g Butter
- 4 Eier
- 1 Apfel
- 2 EL Rosinen
- 4 TL Honig
- ½ Zimt

Zubereitung:

1. Als erstes werden die Eier getrennt. Das Eiweiß mit dem Salz mit einem elektrischen Rührgerät steif schlagen • Anschließend den Apfel mit der Reibe grob reiben • Dann die Butter in einem Topf schmelzen lassen.

2. Mischen Sie in eine Schüssel die Eigelbe mit den geriebenem Apfel sowie der geschmolzenen Butter, dem Honig und dem Zimt und geben Sie anschließend die gemahlenen Mandeln und die Rosinen dazu • Dann rühren Sie das geschlagene Eiweiß vorsichtig hinzu.

3. Die Mischung geben Sie in ein gefettetes Muffinblech oder in kleine Papierförmchen und backen die Muffins in den vorgeheizten Backofen für 20 - 25 Minuten bei 175 Grad.

13. Tomaten-Frittata

Portion: 2
Zubereitung: ca. 60 Min.
Nährwerte: 1098 kcal / Fett 89g / KH 18g / EW 48g

Zutaten:

- 8 Eler
- 200 ml Sahne
- 100 g Parmesan
- 100 g Tomaten
- 1 Frühlingszwiebel
- 1 EL Olivenöl
- Salz
- Pfeffer

Zubereitung:

1. Schlagen Sie die Eier in einer Schüssel auf und geben Sie die Sahne hinzu und würzen es mit Salz und Pfeffer • Dann wird der Parmesan gerieben und die Frühlingszwiebel in feine Ringe geschnitten.

2. Erhitzen Sie das Olivenöl in einer beschichteten Pfanne • Die Ei-Sahne Schüssel hineingeben und mit den Tomaten und der Frühlingszwiebel vermischen und den Parmesan darüber streuen.

3. Stellen Sie die Pfanne in den vorgeheizten Backofen und backen Sie die Frittata für 30 – 40 Minuten bei 180 Grad.

14. Ziegenfrischkäse mit Tomate-Zwiebel

Portion: 1
Zubereitung: ca. 10 Min.
Nährwerte: 256 kcal / Fett 20g / KH 7g / EW 10g

Zutaten:

- 3 Tomaten
- 40 g Ziegen-frischkäse
- 5 Basilikumblätter
- Salz
- Pfeffer

Zubereitung:

1. Schneiden Sie den Ziegenfrischkäse mit den Tomaten sowie den Basilikumblättern in kleine Stücke und verteilen Sie alles auf einem Teller.

2. Dann träufeln Sie etwas Olivenöl über den Teller und würzen alles mit Salz und Pfeffer.

15. Low Carb Toast mit Avocado und Ei

Portion: 1
Zubereitung: ca. 15 Min.
Nährwerte: 485 kcal / Fett 38g / KH 9g / EW 23g

Zutaten:

- 2 Scheiben Low Carb Toastbrot
- 1 Ei
- ½ Avocado
- 1 Handvoll Salat-Blätter
- 1 EL frischer Zitronensaft
- Salz
- Pfeffer

Zubereitung:

1. Als erstes kochen Sie das Ei durch und lassen es dann abkühlen • Inzwischen zerdrücken Sie das Fruchtfleisch aus der Avocado und geben Sie den Saft der Zitrone ein und verrühren alles bis eine cremige Maße entsteht und würzen mit Salz und Pfeffer.

2. Dann toasten Sie das Low Carb Toastbrot • Belegen Sie eine Seite mit Salatblättern und bestreichen die andere Hälfte mit der Avocadocreme und legen das in Scheiben geschnitte Ei darauf und klappen das Brot zusammen.

16. Low Quark Brötchen

Portion: 1
Zubereitung: ca. 40 Min.
Nährwerte: 342 kcal / Fett 20g / KH 6g / EW 32g

Zutaten:

- 350 g Magerquark
- 6 Eier
- Salz
- Pfeffer

Zubereitung:

1. Als erstes heizen Sie den Backofen auf 180 Grad auf Ober- und Unterhitze vor.

2. Dann trennen Sie die Eier und schlagen das Eiweiß steif • Anschließend das geschlagene Eiklar mit dem Backpulver und der Eigelbmasse verrühren.

3. Legen Sie das Backpapier auf ein Backblech und portionieren Sie die Ei-Masse mit einem Löffel nebeneinander auf das Blech und backen die Brötchen für 25 - 30 Minuten.

17. Low Carb Frühstücksaufstrich

Portion: 8
Zubereitung: ca. 45 Min.
Nährwerte: 1819 kcal / Fett 160g / KH 64g / EW 17g

Zutaten:

- 100 g Butter
- 100 ml Sahne
- 50 g Zartbitter-schokolade
- 2 EL Backkakao
- 50 g gemahlene Haselnüsse
- 50 g Stevia

Zubereitung:

1. Als erstes schneiden Sie die Zartbitterschokolade in grobe Stücke.

2. Schmelzen Sie anschließend die Butter mit der Schokolade bei geringer Hitze in einem Topf. Anschließend fügen Sie in die Buttermischung, die Sahne und den Backkakao hinzu und rühren alles um.

3. Geben Sie Haselnüsse und Stevia hinzu und kochen es kurz auf. Vor dem Verzehr abkühlen lassen.

18. Low Carb Pfannkuchen

Portion: 2
Zubereitung: ca. 20 Min.
Nährwerte: 904 kcal / Fett 56g / KH 14g / EW 80g

Zutaten:

- 100 g Frischkäse
- 4 Eier
- 100 g Mandelmehl
- 100 ml Milch
- 1 EL Butter
- 1 TL Süßstoff
- Salz

Zubereitung:

1. In einer Schüssel, den Frischkäse, die Eier und das Mandelmehl verrühren • Dann die Milch und den Süßstoff und Salz dazugeben und weiterrühren.

2. Erhitzen Sie etwas Butter einer Pfanne und geben Sie 1 – 2 EL vom Teig in die Mitte der heißen Pfanne und streichen Sie den Teig leicht aus • Den Pfannkuchen erst dann wenden sobald die obere Seite leichte Bläschen wirft.

3. Backen Sie den restlichen Teig so lange weiter bis der komplette Teig aufgebraucht ist.

19. Nuss Brötchen

Portion: 6
Zubereitung: ca. 80 Min.
Nährwerte: 858 kcal / Fett 49g / KH 11g / EW 87g

Zutaten:

- 200 g Mandelmehl
- 30 g Flohsamen-Schalen
- 4 Eier
- 40 g Haselnüsse
- 170 ml warmes Wasser
- ½ TL Salz
- ½ Packung Backpulver

Zubereitung:

1. Heizen Sie als erstes den Backofen auf 180 Grad Umluft vor • Inzwischen vermischen Sie in einer Schüssel das Mehl mit den Flohsamenschalen, dem Salz und dem Backpulver.

2. Trennen Sie die Eier • Davon kommen zwei Eigelbe und vier Eiweiß in die Mehlmischung. Die restlichen zwei Eigelbe werden nicht benötigt.

3. Fügen Sie anschließend warmes Wasser in die Mischung und verrühren bis eine Teigmasse entsteht.

4. Hacken Sie die Haselnüsse klein und rühren Sie die dann in die Mehlmasse ein.

5. Formen Sie aus dem Teig kleine Brötchen und legen Sie diese nebeneinander auf das ausgelegte Backpapier auf dem Backblech • Die Brötchen werden 40 - 50 Minuten gebacken.

20. Knäcke-Fit

Portion: 1
Zubereitung: ca. 110 Min.
Nährwerte: 584 kcal / Fett 43g / KH 21g / EW 24g

Zutaten:

- 250 g Chiasamen
- 100 g Kürbiskerne
- 60 g Haferkleie
- 40 g Sesamsamen
- 2 TL Flohsamenschalen
- 1 TL Salz
- 500 ml heißes Wasser

Zubereitung:

1. Heizen Sie als erstes den Backofen auf 100 Grad Umluft vor.

2. Kürbiskerne klein hacken und mit den Chia Samen, der Haferkleie, den Sesamsamen, den Flohsamenschalen und dem Salz verrühren und heißes Wasser aufgießen und für 5 Minuten ruhen lassen.

3. Anschließend zwei Backbleche mit Backpapier auslegen • Verteilen Sie dann mit angefeuchteten Händen die Teigmasse gleichmäßig darauf.

4. Backen Sie die Masse für 60 – 70 Minuten und weitere 30 Minuten im Ofen ruhen lassen. Anschließend die Backbleche herausnehmen und den Teig in gewünschte Knäckebrot Größen schneiden.

21. Sesam Bagels

Portion: 6
Zubereitung: ca. 5 Std.
Nährwerte: 1306 kcal / Fett 84g / KH 20g / EW 108g

Zutaten:

- 100 g gemahlene Goldleinsamen
- 50 g Kokosmehl
- 200 g Mozzarella
- 60 g Quark
- Salz
- 2 Eier
- 1 Eigelb
- 2 TL Backpulver
- 2 EL Milch
- 5 EL Sesam

Zubereitung:

1. Heizen Sie den Backofen auf 200 Grad Ober- und Unterhitze vor.

2. Geben Sie die klein geschnitten Mozzarella-Stückchen mit dem Quark in einen Topf • Bringen Sie unter ständigem Rühren die Mischung zum Schmelzen • Dann alles in eine Schüssel mit den Goldleinsamen, dem Kokosmehl und dem Backpulver vermischen • Anschließend die Eier und das Salz dazugeben und mit den Händen verkneten.

3. Wickeln Sie anschließend den durchgekneteten Teig in eine Frischaltefolie und lassen es für 3-4 Stunden im Kühlschrank kühlen.

4. Dann holen Sie den Teig raus und kneten es erneut und teilen es in mehrere gleichgroße Stücke ein • Formen Sie den Teig in eine Bagelform und legen alle Stücke auf das ausgelegte Backpapier auf dem Backblech darauf.

5. Dann verquirlen Sie das Eigelb mit der Milch in einem Glas und bestreichen die Bagels mit der Eigelbmischung und bestreuen es mit Sesam • Die Bagels werden für 20 -25 Minuten gebacken.

22. Eierbrötchen

Portion: 8
Zubereitung: ca. 30 Min.
Nährwerte: 797 kcal / Fett 54g / KH 12g / EW 60g

Zutaten:

- 5 Eier
- 250 g Quark
- ½ Salz
- ½ Backpulver

Zubereitung:

1. Heizen Sie den Backofen auf 160 Grad Umluft vor.
2. Trennen Sie die Eier und schlagen Sie das Eiweiß steif. Mischen Sie die Eigelbe zusammen mit dem Quark, Salz und Backpulver zusammen • Fügen Sie dann das Eiweiß ein.
3. Ein Backblech mit Backpapier auslegen und aus der Masse gleichgroße Brötchen formen und nebeneinanderlegen.
4. Für 20 Minuten backen.

23. Crepe zum Frühstück mit Erdbeersahne

Portion: 4
Zubereitung: ca. 45 Min.
Nährwerte: 1683 kcal / Fett 114g / KH 53g / EW 99g

Zutaten:

- 6 Eier
- 50 g Kokosmehl
- 250 ml Milch
- 2 TL Kokosöl
- Salz
- 2 EL Butter

Erdbeersahne:

- 250 g Magerquark
- 2 EL Mineralwasser
- 1 EL Süßstoff
- 250 g Erdbeeren
- 100 g Sahne

Zubereitung:

1. Als erstes wird die Füllung vorbereitet • Hierzu erst die Sahne steif schlagen • Vermischen Sie dann den Magerquark mit dem Mineralwasser und dem Süßstoff und heben Sie anschließend die Sahne unter.

2. Schneiden Sie die Erdbeeren klein und fügen Sie die mit in die Masse hinein • Die Masse legen Sie in den Kühlschrank.

3. Anschließend werden die Crepes zubereite • Hierfür geben Sie das Kokosmehl mit der Milch, Eiern, Kokosöl und dem Salz in eine Schüssel und vermischen es mit einem Handrührgerät.

4. Dann die Butter in einer beschichteten Pfanne schmelzen und aus dem Teig Crepes ausbacken.

5. Auf die fertigen Crepes die Erdbeercreme bestreichen und zusammenrollen.

24. Proteinshake

Portion: 4
Zubereitung: ca. 5 Min.
Nährwerte: 557 kcal / Fett 18g / KH 13g / EW 82g

Zutaten:

- 150 g Joghurt
- 250 ml Milch
- 50 g Whey
- 1 ½ TL Süßstoff
- 2 TL Erdnussbutter
- 1 Banane
- 100 g Crushed Ice

Zubereitung:

1. Schneiden Sie die Banane in kleine Stücke und geben Sie die restlichen Zutaten in den Mixer und verrühren alles und fertig ist der Shake.

Low Carb Gerichte zum Mittag

Hähnchengerichte

25. Hähnchenschenkel mit Champignons und Rosmarin

Portion: 2
Zubereitung: ca. 55 Min.
Nährwerte: 570 kcal / Fett 26g / KH 8g / EW 60g

Zutaten:

- 4 Hähnchenunter-schenkel
- 170 g Cherry-Tomaten
- 80 g Champignons Und andere Pilze
- 3 Stängel Rosmarin
- 1 Zwiebel
- 5 EL Olivenöl
- Paprikapulver
- Meersalz
- Pfeffer

Zubereitung:

1. Waschen Sie die Hähnchenunterschenkel und tupfen Sie sie trocken • Schälen Sie die Zwiebel und schneiden Sie sie in Ringe • Waschen Sie den Rosmarin und schütteln Sie ihn trocken • Zerdrücken Sie die Knoblauchzehen mit der flachen Messerseite.

2. Reiben Sie die Hähnchenunterschenkel mit Olivenöl, Paprikapulver, Salz und Pfeffer ein • Geben Sie die Schenkel dann zusammen mit der Zwiebel und dem Knoblauch in eine feuerfeste Form und legen Sie den Rosmarin darauf • Backen Sie die Schenkel im vorgeheizten Backofen bei 200°C für 30 Minuten.

3. Waschen Sie die Tomaten zur selben Zeit und halbieren Sie sie • Putzen Sie die Pilze und schneiden Sie sie in Scheiben • Geben Sie beides nach 30 Minuten zu den Schenkeln und garen Sie alles für weitere 15 Minuten bis die Schenkel gar sind.

26. Hühnchen-Grillspieße mit Tsatsiki-Sauce

Portion: 4
Zubereitung: ca. 50 Min.
Nährwerte: 308 kcal / Fett 15g / KH 10g / EW 31g

Zutaten:

- 450 g Hähnchen fleisch
- 180 g Zucchini
- 200 g Cherry-Tomaten
- 180 g Paprika
- 1 Zwiebel
- 250 g Griechischer Joghurt
- 130 g Gurke
- 3 Knoblauchzehen
- 5 EL Olivenöl
- 1 TL Kebab Gewürz
- Meersalz
- Pfeffer

Zubereitung:

1. Waschen Sie das Fleisch und tupfen Sie es trocken • Schneiden Sie das Fleisch in Stücke • Waschen Sie die Zucchini und schneiden Sie sie in Scheiben • Waschen sie die Tomaten und halbieren Sie sie • Schälen Sie die Zwiebel und schneiden Sie sie in Stücke, lösen Sie dann die einzelnen Schichten voneinander.

2. Stecken Sie abwechselnd das Fleisch und das Gemüse auf Holzspieße • Verrühren Sie das Olivenöl, Kebab-Gewürz und etwas Salz und Pfeffer in einer kleinen Schüssel und pinseln Sie die Spieße damit rundum ein • Erhitzen Sie die Grillpfanne und grillen Sie die Spieße von allen Seiten.

3. Waschen Sie zur selben Zeit die Gurke und trocknen Sie sie, reiben Sie sie dann mit der Reibe klein • Schälen Sie die Knoblauchzehen und pressen Sie sie in eine Schüssel • Geben Sie Joghurt, Gurke und Olivenöl dazu und schmecken Sie das Tsatsiki mit Salz und Pfeffer ab.

27. Fruchtiges Hähnchen-Curry mit Minze

Portion: 4
Zubereitung: ca. 45 Min.
Nährwerte: 353 kcal / Fett 23g / KH 8g / EW 26g

Zutaten:

- 300 g Hähnchenbrustfilet
- 150 g Ananas
- 50 g Mango
- 150 ml Wasser
- 2 Chilischoten
- 1 TL Tandoori Spice Rub
- Bambus Salz
- Weißer Pfeffer
- 1 EL Kokosöl
- Frische Minze
- 3 TL Curry
- 1 Lorbeerblatt

Zubereitung:

1. Waschen Sie die Hähnchenbrust, tupfen Sie sie trocken und schneiden Sie sie in etwa 2 cm große Würfel • Geben Sie das Kokosöl in einen großen flachen Topf und braten Sie das Fleisch bei niedriger Temperatur darin an.

2. Schneiden Sie Ananas und Mango in mundgerechte Stücke und geben Sie sie zum Fleisch dazu • Füllen Sie alles mit Kokosmilch auf und lassen Sie es köcheln • Ge-

ben Sie Wasser, das Lorbeerblatt, Salz, Pfeffer, Currypulver und Tandoori Spice Rub dazu und lassen Sie alles für etwa 20 Minuten köcheln.

3. Halbieren und waschen Sie die Chilischoten und entfernen Sie die Kerne, geben Sie sie etwa 5 Minuten vor Kochzeitende dazu • Waschen Sie die Minze und tupfen Sie sie trocken, hacken Sie sie fein und heben Sie sie unter das Curry.

28. Hähnchenbruststreifen mit Reisnudeln und Salat

Portion: 2
Zubereitung: ca. 35 Min.
Nährwerte: 459 kcal / Fett 15g / KH 36g / EW 42g

Zutaten:

- 350 g Hähnchen-fleisch
- 50 g Reisnudeln
- 1 grüne Chilischote
- 2 EL Cashewkerne
- 3 Zweige Basilikum
- 250 ml Gemüse Fond
- 1 rote Paprika
- 1 rote Zwiebel
- ½ Limette
- 1 Knoblauchzehe
- 50 ml Terriyaki Sauce
- 1 EL Sesamöl
- Salz
- Pfeffer

Zubereitung:

1. Schälen Sie die Möhre und schneiden Sie sie in dünne, kurze Stifte • Waschen Sie die Gurke und schneiden Sie sie in dünne Scheiben • Halbieren Sie die Paprika und entfernen Sie die Kerne, schneiden Sie sie dann in dünne Streifen • Waschen Sie die Limette mit heißem Wasser und reiben Sie die Schale ab, halbieren Sie dann die Limette und pressen Sie den Saft aus.

2. Schälen Sie die Zwiebel und schneiden Sie sie in dünne Streifen • Schälen Sie den Knoblauch und hacken Sie ihn klein • Halbieren Sie die Chilischote längs und entfernen Sie die Kerne, hacken Sie sie dann klein • Waschen Sie das Basilikum und schütteln Sie es trocken, hacken Sie es grob.

3. Erhitzen Sie in einem Topf den Fond und erwärmen Sie die Nudeln darin • Gießen Sie nach der Garzeit die Nudeln ab • Geben Sie die Möhre, Gurke, Paprika, Zwiebel und Nudeln in eine Salatschüssel, würzen Sie alles mit Salz und Pfeffer.

4. Waschen Sie das Hähnchenfleisch • Erhitzen Sie das Öl in einer Pfanne und braten Sie das Fleisch mit dem Knoblauch und der Chilischote rundum an • Geben Sie die Teriyaki Sauce, den Limettenabrieb und etwas Limettensaft zum Fleisch in die heiße Pfanne • Wenden Sie das Fleisch darin und lassen Sie es kurz ziehen, würzen Sie es dann mit Salz und Pfeffer.

5. Geben Sie die Nudeln mit Gemüse in zwei Schüsseln • Geben Sie grob gehackte Nüsse und Basilikum dazu • Nehmen Sie das Fleisch aus der Pfanne, schneiden Sie es in Streifen und geben Sie es im warmen Zustand auf den Salat.

29. Gegrillte Hähnchenbruststreifen mit Dill

Portion: 4
Zubereitung: ca. 25 Min.
Nährwerte: 290 kcal / Fett 10g / KH 0g / EW 48g

Zutaten:

- 200 g Hähnchenbrustfilet
- ½ Knoblauchzehe
- 1 Zitrone
- 2 Dillblüten
- 3 Zweige Rosmarin
- 4 EL Olivenöl
- Meersalz
- Pfeffer

Zubereitung:

1. Waschen Sie die Hähnchenbrustfilets • Halbieren Sie die Zitrone und pressen Sie den Saft aus • Waschen Sie die Kräuter und schütteln Sie sie trocken, zupfen Sie die Blätter von den Stielen ab.

2. Vermischen Sie Kräuter, Öl, Zitronensaft und etwas Salz und Pfeffer in einer Schüssel und marinieren Sie darin das Fleisch • Schneiden Sie die Knoblauchzehe ungeschält quer mit einem großen Messer durch.

3. Erhitzen Sie die Grillpfanne und geben Sie die marinierten Hähnchenbrustfilets und die halbierte Knoblauchzehe hinein • Geben Sie die restliche Marinade über

das Fleisch • Wenden Sie die Filets mehrmals, bis sie gar sind.

30. Hähnchen-Tacos mit Chili Con Carne

Portion: 4
Zubereitung: ca. 40 Min.
Nährwerte: 360 kcal / Fett 14g / KH 24g / EW 32g

Zutaten:

- 6 Taco Shells
- 300 g Hähnchenbrust
- 350 g Tomaten (stückig)
- 100 g rote Kidney Bohnen
- 2 Knoblauchzehen
- 1 rote Paprika
- 100 g Mais
- 1 rote Chilischote
- 1 Bund Petersilie
- 1 Bund Koriander
- 2 EL Olivenöl
- 1 TL Harissa-Paste
- 1 TL Sojasauce
- Paprikapulver
- Meersalz
- Pfeffer

Zubereitung:

1. Waschen Sie die Hähnchenbrust und schneiden Sie sie in kleine Stücke • Zerkleinern Sie anschließend die Hähnchenbruststücke in der Moulinette • Schneiden Sie die Paprika in kleine Stücke und legen Sie sie beiseite • Schneiden Sie den Knoblauch und die Chilischoten in feine Scheiben und braten Sie alles zusammen mit dem

Öl an • Geben Sie nun die Harissa-Paste und das Paprikapulver hinzu, schwenken Sie alles kurz durch, geben Sie dann das Hähnchenhackfleisch dazu und braten Sie alles an.

2. Geben Sie die Paprika dazu und mengen Sie alles ordentlich durch, geben Sie dann die Bohnen und den Mais dazu, schwenken Sie alles kurz durch und füllen Sie es mit den Tomaten auf • Würzen Sie alles mit Salz und Pfeffer und lassen Sie es ca. 30 min. köcheln.

3. Hacken Sie den Koriander und die Petersilie klein und geben Sie sie kurz vor Ende der Kochzeit gemeinsam mit der Sojasoße zum Chili Con Carne • Schmecken Sie alles noch einmal ab.

4. Geben Sie die Taco Shells auf ein Backblech und erwärmen Sie sie im vorgeheizten Backofen bei 180°C für ca. 3 min. • Füllen Sie dann die Tacos einzeln mit dem Chili Con Carne.

31. Hähnchenbrustfilet in süßer Rotweinsauce

Portion: 2
Zubereitung: ca. 35 Min.
Nährwerte: 522 kcal / Fett 20g / KH 9g / EW 73g

Zutaten:

- 400 g Hähnchenbrustfilet
- 180 g Cherrytomaten
- 150 ml Rotwein
- 5 Schalotten
- 3 Knoblauchzehen
- 3 Zweige Petersilie
- 2 Zweige Rosmarin
- 1 TL Honig
- 3 EL Olivenöl
- Meersalz
- Pfeffer

Zubereitung:

1. Waschen Sie die Hähnchenbrustfilets • Schälen Sie den Knoblauch und zerdrücken Sie ihn mit der breiten Messerseite • Waschen Sie die Kräuter und schütteln Sie sie trocken • Schälen Sie die Schalotten.

2. Erhitzen Sie 2 EL Öl in einer Pfanne und braten Sie die Hähnchenbrustfilets mit Thymian und zwei Knoblauchzehen rundum an • Garen Sie das Hähnchenfleisch für

etwa 10 Minuten im vorgeheizten Backofen bei 160°C weiter.

3. Erhitzen Sie 2 EL Öl in einer zweiten Pfanne und braten Sie die Schalotten, den restlichen Knoblauch und die Tomaten darin an • Löschen Sie alles mit Rotwein ab und lassen Sie es mehrere Minuten einkochen • Schmecken Sie die Sauce mit Honig, Salz und Pfeffer ab.

4. Schneiden Sie die Hähnchenbrust in Scheiben • Richten Sie die Schalotten, Tomaten, Rotweinsauce und Petersilienblätter zusammen mit dem Hähnchen an.

32. Quinoa mit Hähnchenbrustfilet und Gemüse

Portion: 2
Zubereitung: ca. 35 Min.
Nährwerte: 655 kcal / Fett 40g / KH 34g / EW 35g

Zutaten:

- 180 g Hähnchenbrustfilet
- 50 g Quinoa
- 1 Avocado
- 1 Paprika
- 50 g Babyspinat
- 120 g Kichererbsen
- 50 g Rosenkohl
- ½ Limette
- 5 Stängel Koriander
- 1 EL Sesamöl
- 2 TL Sesam
- Pfeffer
- Meersalz

Zubereitung:

1. Geben Sie den Quinoa in ein feines Sieb und spülen Sie es unter fließendem Wasser ab • Lassen Sie den Quinoa nach Packungsanweisung 10 Minuten köcheln, gießen Sie es dann ab.

2. Putzen Sie den Rosenkohl und entfernen Sie die welken Blätter • Geben Sie den Rosenkohl in einen Topf mit Dämpfeinsatz und garen Sie ihn mit wenig Wasser für 10 Minuten • Nehmen Sie den Rosenkohl dann heraus und halbieren Sie ihn.

3. Waschen Sie die Hähnchenbrustfilets • Halbieren Sie die Paprika halbieren und schneiden Sie sie in Streifen • Erhitzen Sie eine Grillpfanne und bestreichen Sie diese mit Sesamöl • Braten Sie das Fleisch in der heißen Grillpfanne an, wenden Sie das Fleisch nach etwa 5 Minuten • Geben Sie die Paprikastreifen dazu und grillen Sie sie mit.

4. Halbieren Sie eine Avocado und lösen Sie das Fruchtfleisch heraus • Schneiden Sie die Avocado in lange Streifen • Halbieren Sie die Limette und pressen Sie sie aus, träufeln Sie dann den Saft über die Avocado.

5. Waschen Sie den Spinat und lassen Sie ihn abtropfen • Geben Sie die Kichererbsen in ein Sieb und lassen Sie sie abtropfen • Waschen Sie den Koriander und schütteln Sie ihn trocken, zupfen Sie dann die Blätter ab.

6. Schmecken Sie den Quinoa mit Limettensaft, Salz und Pfeffer ab und teilen Sie ihn auf zwei Schüsseln auf • Verteilen Sie den Spinat, den Rosenkohl, die Avocado und die Kichererbsen ebenfalls auf zwei Schüsseln • Schneiden Sie das Fleisch in Streifen und richten Sie es zusammen mit der Paprika in den Schüsseln an • Streuen Sie den Sesam und den Koriander darüber.

33. Hähnchenbrustfilet mit Rosenkohl

Portion: 2
Zubereitung: ca. 25 Min.
Nährwerte: 340 kcal / Fett 7g / KH 10g / EW 57g

Zutaten:

- 450 g Hähnchenbrustfilet
- 450 g Rosenkohl
- 50 g Mais
- 2 EL Olivenöl
- 1 TL Thymian, gerebelt
- Meersalz
- Pfeffer

Zubereitung:

1. Waschen Sie das Hähnchenbrustfilet • Reiben Sie das Fleisch mit Thymian und Salz rundum ein • Erhitzen Sie das Olivenöl in der Pfanne und braten Sie das Filet von beiden Seiten an, bis es durchgegart ist.

2. Putzen Sie den Rosenkohl und garen Sie ihn in einem Topf mit etwas Wasser und Dämpfeinsatz für etwa 10 Minuten • Lassen Sie den Mais in einem Sieb abtropfen.

3. Würzen Sie das Hähnchenbrustfilet mit Salz und Pfeffer und nehmen Sie ihn aus der Pfanne.

34. Scharfe Hähnchenbrustpfanne mit Champignons

Portion: 4
Zubereitung: ca. 40 Min.
Nährwerte: 305 kcal / Fett 9g / KH 12g / EW 42g

Zutaten:

- 500 g Hähnchenbrustfilet
- 400 g Champignons
- 250 g Brokkoli
- 250 g Paprika
- 2 Frühlingszwiebeln
- 3 Knoblauchzehen
- 2 Schalotten
- ½ Zitrone
- 1 Chilischote
- 1 TL Ingwer, gerieben
- 250 ml warmes Wasser
- 1 EL Honig
- 1 TL Sesam
- 80 ml Sojasauce
- 2 EL Sesamöl
- 1 TL Kreuzkümmel
- Salz
- Pfeffer

Zubereitung:

1. Waschen Sie das Hähnchenbrustfilet • Schneiden Sie das Fleisch in mundgerechte Stücke • Putzen Sie die Champignons, entfernen Sie die trockenen Stielenden und vierteln Sie die Pilze • Waschen Sie die Brokkoli-Röschen.

2. Entkernen Sie die Paprika und schneiden Sie sie in Stücke • Schälen Sie den Knoblauch und hacken Sie ihn fein • Schälen Sie die Schalotten und würfeln Sie sie • Putzen Sie die Frühlingszwiebeln und schneiden Sie sie schräg in Streifen • Halbieren Sie die Zitrone und pressen Sie den Saft aus • Schneiden Sie die Chilischote in kleine Stücke.

3. Erhitzen Sie das Sesamöl in der Pfanne und braten Sie die Schalotten, den Knoblauch und das Fleisch darin an • Geben Sie die Champignons und die Paprika dazu und braten Sie alles für mehrere Minuten • Geben Sie den Brokkoli und die Frühlingszwiebeln dazu.

4. Verrühren Sie den Honig und die Sojasauce mit warmem Wasser in einer Schüssel und geben Sie sie zum Fleisch • Lassen Sie das Ganze aufkochen und rühren Sie es mehrmals durch • Geben Sie Ingwer, Chilischote und Zitronensaft dazu.

5. Schmecken Sie alles mit Kreuzkümmel, Salz und Pfeffer ab und bestreuen Sie alles mit Sesam.

Fleischgerichte

35. Rinderbraten mit Rotweinsauce

Portion: 4
Zubereitung: ca. 125 Min.
Nährwerte: 299 kcal / Fett 11g / KH 4g / EW 44g

Zutaten:

- 700 g Rinderschmorbraten
- 120 ml Rotwein
- 2 Zehen Knoblauch
- 1 EL Tomatenmark
- 350 ml Rinderfond
- 2 Lorbeerblätter, getrocknet
- 5 Stängel Thymian
- 1 Stück Sternanis
- 1 TL Ras el hanout
- 1 TL Meersalz
- 1 TL Pfeffer
- 1 EL Olivenöl

Zubereitung:

1. Waschen Sie den Rinderschmorbraten und tupfen Sie ihn trocken, schneiden Sie ihn dann in grobe Würfel • Waschen Sie den Thymian und schütteln Sie ihn trocken • Schälen Sie den Knoblauch und zerdrücken Sie ihn mit der flachen Messerseite.

2. Erhitzen Sie das Olivenöl in der Schmorpfanne • Geben Sie das Rindfleisch, den Knoblauch und den Thymian in die Pfanne und braten Sie das Fleisch rundum scharf an

• Geben Sie Tomatenmark dazu und braten Sie ihn mit an.

3. Löschen Sie alles mit Rotwein ab und lassen Sie diesen kurz einkochen • Füllen Sie alles mit Rinderfond auf, geben Sie dann den Sternais, Ras el hanout, die Lorbeerblätter und etwas Salz und Pfeffer dazu • Lassen Sie das Fleisch bei geschlossenem Deckel 10 Minuten köcheln.

4. Geben Sie dann die geschlossene Schmorpfanne in den 160°C vorgeheizten Backofen und garen Sie darin das Rindfleisch für etwa 2 Stunden.

5. Nehmen Sie den fertigen Rinderschmorbraten aus dem Ofen und geben Sie nach Belieben frische Kräuter hinzu.

36. Rindersteakhüfte mit Rucola-Tomaten-Salat

Portion: 1
Zubereitung: ca. 20 Min.
Nährwerte: 460 kcal / Fett 38g / KH 5g / EW 21g

Zutaten:

- 1 Stück Rinderhüfte
- 150 g Cherry-Tomaten
- 30 g Rucola
- 1 Stängel Rosmarin
- 1 Prise Meersalz
- 1 Prise Pfeffer
- 40 g Butter
- 1 EL Olivenöl

Zubereitung:

1. Waschen Sie das Rindfleisch und tupfen Sie es trocken • Waschen Sie den Rosmarin und schütteln Sie ihn trocken • Erhitzen Sie das Öl und die Butter in der Pfanne und geben Sie dann das Rindersteak zusammen mit dem Rosmarinzweig hinein.
2. Braten Sie das Steak für wenige Minuten, wenden Sie es dann und braten Sie es von der anderen Seite an • Würzen Sie das Steak mit Salz und Pfeffer und geben Sie es auf einen Teller.

3. Waschen Sie zur selben Zeit den Rucola und trocknen Sie ihn in der Salatschleuder • Entfernen Sie zu lange Stiele beim Rucola • Waschen Sie die Tomaten und lassen Sie sie abtropfen, halbieren Sie sie dann • Geben Sie den Rucola und die Tomaten zum Steak und würzen Sie alles zum Schluss mit Salz und Pfeffer.

37. Rinderhack-Auflauf

Portion: 3
Zubereitung: ca. 65 Min.
Nährwerte: 898 kcal / Fett 68g / KH 8g / EW 57g

Zutaten:

- 350 g Rinderhackfleisch
- 1 Schalotte
- 5 Stängel Petersilie
- 8 Eier
- 180 g Sahne
- 130 g Parmesan
- 1 Chilischote
- 3 EL Olivenöl
- Meersalz
- Pfeffer

Zubereitung:

1. Schälen Sie zuerst die Schalotten und schneiden Sie sie in feine Würfel • Waschen Sie die Petersilie, trocknen Sie sie und hacken Sie sie klein • Vermischen Sie das Rinderhackfleisch mit der Schalotte und der Petersilie in einer Schüssel, geben Sie dann Salz und Pfeffer hinzu.

2. Formen Sie aus der Hackfleisch-Mischung mit den Händen gleich große Bällchen • Erhitzen Sie das Öl in der Pfanne und braten Sie die Hackbällchen von allen Seiten scharf an • Nehmen Sie sie heraus und stellen Sie sie beiseite.

3. Verrühren Sie Eier und Sahne in einer Schüssel • Waschen Sie die Chilischote, trocknen Sie sie und schneiden Sie sie in Ringe • Reiben Sie den Parmesan, geben Sie ihn dann zur Ei-Mischung und verrühren Sie alles.

4. Gießen Sie die Ei-Mischung in die Auflaufform und legen Sie die Hackbällchen hinein • Streuen Sie die Chilischote darüber • Backen Sie den Auflauf für 45 Minuten im vorgeheizten Ofen bei 180°C.

38. Gemüseauflauf mit Rinderfilet

Portion: 2
Zubereitung: ca. 35 Min.
Nährwerte: 343 kcal / Fett 17g / KH 15g / EW 30g

Zutaten:

- 250 g Rinderfilet
- 200 g Brokkoli
- 250 g Champignons
- 2 Möhren
- 2 Knoblauchzehen
- 2 Chilischoten
- 4 EL Sojasauce
- 1 EL Sesamöl
- Meersalz
- Pfeffer

Zubereitung:

1. Waschen Sie das Rinderfilet und trockne es mit einem Küchenkrepptuch, schneiden Sie es dann in Streifen • Putzen Sie die Champignons, schneiden Sie die trockenen Stielenden ab und schneiden Sie die Pilze in Scheiben • Schälen Sie die Möhren und schneiden Sie sie mit dem Sparschäler in dünne Streifen.

2. Waschen Sie den Brokkoli, lassen Sie ihn abtropfen und schneiden Sie die Röschen vom Stiel • Schälen Sie den Knoblauch und hacken Sie ihn fein • Waschen Sie die Chilischoten, halbieren Sie sie und entfernen Sie die

Kerne und Trennwände • Hacken Sie die Chilischoten fein.

3. Erhitzen Sie das Sesamöl im Wok und braten Sie das Rinderfilet an • Geben Sie Knoblauch und Chili dazu und braten Sie beides mit an • Geben Sie Möhren, Brokkoli und Champignons dazu und braten Sie sie mit • Geben Sie Sojasauce dazu und würzen Sie alles mit Salz und Pfeffer.

39. Gefüllte Tomaten mit Feta und Schinken

Portion: 3
Zubereitung: ca. 40 Min.
Nährwerte: 434 kcal / Fett 29g / KH 8g / EW 32g

Zutaten:

- 6 Tomaten
- 150 g Schinken
- 200 g Feta
- 150 g Zucchini
- 12 Champignons
- 2 EL Olivenöl
- 1 Zwiebel
- Meersalz
- Pfeffer

Zubereitung:

1. Waschen Sie die Tomaten und lassen Sie sie abtropfen • Schneiden Sie die Tomaten wie einen Deckel kurz unter dem Stielansatz auf • Hobeln Sie die Tomatenkerne mit einem Löffel vorsichtig heraus und höhlen Sie alle Tomaten gleichmäßig aus.

2. Waschen Sie die Zucchini, lassen Sie sie abtropfen und schneiden Sie sie in kleine Würfel • Putzen Sie die Champignons, entfernen Sie den trockenen Stielansatz und schneiden Sie die Pilze dann in kleine Würfel • Schälen Sie die Zwiebel und schneiden Sie sie in feine Würfel • Schneiden Sie den Schinken und den Fetakäse in kleine Würfel.

3. Geben Sie alle Zutaten in eine Schüssel, würzen Sie alles mit Salz und Pfeffer und vermischen Sie es • Geben Sie die Mischung in die leeren Tomaten • Geben Sie 1 EL Olivenöl in eine Auflaufform und geben Sie die Tomaten hinein.

4. Backen Sie die Tomaten im vorgeheizten Backofen für 20 Minuten • Nehmen Sie die gebackenen Tomaten dann aus dem Ofen und beträufeln Sie sie mit dem restlichen Olivenöl.

40. Avocado-Speck-Röllchen

Portion: 2
Zubereitung: ca. 25 Min.
Nährwerte: 1045 kcal / Fett 100g / KH 3g / EW 25g

Zutaten:

- 2 Avocados
- ½ Limette
- 250 g Bacon
- 1 EL Olivenöl
- Meersalz
- Pfeffer

Zubereitung:

1. Halbieren und entkernen Sie die Avocados • vierteln Sie die Avocados, lösen Sie das Fruchtfleisch aus der Schale heraus und beträufeln Sie es mit Limettensaft.

2. Breiten Sie die Speckscheiben auf einem Brett aus und rollen Sie die Avocado-Stücke nacheinander ein • Erhitzen Sie das Öl in der Pfanne und braten Sie die Avocados mit dem Speck von allen Seiten an.

3. Würzen Sie alles mit Salz und Pfeffer.

41. Lammkoteletts mit Fetakäse

Portion: 4
Zubereitung: ca. 35 Min.
Nährwerte: 828 kcal / Fett 59g / KH 0g / EW 68g

Zutaten:

- 900 g Lamm-koteletts
- 1 Zitrone
- 200 g Feta
- 1 Bund Koriander
- 3 EL Olivenöl
- Meersalz
- Pfeffer

Zubereitung:

1. Waschen Sie das Fleisch • pinseln Sie die Lammkoteletts mit Öl ein und würzen Sie alles mit Salz und Pfeffer • schneiden Sie die Zitrone in Schiffchen • Waschen Sie den Koriander und lassen Sie ihn abtropfen.

2. Grillen Sie die Lammkoteletts von beiden Seiten für wenige Minuten • Hacken Sie den Koriander klein • Zerbröseln Sie den Feta in der Hand und geben Sie ihn über die Koteletts • Streuen Sie den Koriander zuletzt über das Fleisch.

42. Gegrillte Steaks mit Tomaten und Kräuterbutter

Portion: 2
Zubereitung: ca. 20 Min.
Nährwerte: 1033 kcal / Fett 82g / KH 8g / EW 58g

Zutaten:

- 600 g Dry Aged T-Bone Steak
- 25 g Cherry-Tomaten an der Rispe
- 1 Bund Thymian
- 100 g Kräuterbutter
- Meersalz
- Bunter Pfeffer

Zubereitung:

1. Waschen und trocknen Sie die Dry Aged T-Bone Steaks • Lassen Sie die Tomaten an der Rispe, waschen Sie sie und lassen Sie sie abtropfen • Waschen Sie den Thymian und lassen Sie ihn abtropfen • Richten Sie den Grill mit zwei Grillzonen ein.

2. Grillen Sie das Fleisch mit dem Thymian zuerst bei direkter Hitze • Wenden Sie die Steaks nach einer Weile • Grillen Sie das Fleisch nun von der anderen Seite.

3. Nehmen Sie die Steaks dann von der direkten Hitze und legen Sie sie auf dem Grillrost an eine Stelle, unter der sich keine Glut befindet • Lassen Sie die Steaks dort noch ein wenig ziehen.

4. Legen Sie die Tomaten mit der Rispe kurz auf den Rost und grillen Sie sie • Geben Sie die Steaks mit den Tomaten auf die Teller und legen Sie die Kräuterbutter auf das Fleisch • Würzen Sie die Steaks mit Salz und Pfeffer.

43. Gebratene Kalbsleber

Portion: 2
Zubereitung: ca. 30 Min.
Nährwerte: 552 kcal / Fett 32g / KH 14g / EW 48g

Zutaten:

- 400 g Kalbsleber
- 1 große Zwiebel
- 3 Stiele Thymian
- 2 Stiele Salbei
- 3 Stiele Petersilie
- 2 EL Butter
- 2 TL Olivenöl
- Meersalz
- Pfeffer

Zubereitung:

1. Waschen Sie die Leber und schneiden Sie sie in Stücke• Schälen Sie die Zwiebel und schneiden Sie sie in Ringe • Waschen Sie die Kräuter und trocknen Sie sie • Hacken Sie die Petersilie klein.
2. Erhitzen Sie das Öl und die Butter in der Pfanne und braten Sie die Zwiebel goldbraun • Nehmen Sie sie heraus und stellen Sie sie beiseite • Geben Sie die Leber, Thymian und Salbei in die heiße Pfanne • Braten Sie die Leberstücke von allen Seiten an.
3. Nehmen Sie die Kräuterzweige aus der Pfanne und salzen und pfeffern Sie das Fleisch • Geben Sie die Zwiebeln wieder in die Pfanne und erwärmen Sie sie kurz • Geben Sie dann die gebratene Leber mit den Zwiebeln auf zwei Teller und bestreuen Sie sie mit Petersilie.

44. Weißer Spargel mit Sauce Hollandaise

Portion: 2
Zubereitung: ca. 35 Min.
Nährwerte: 1841 kcal / Fett 160g / KH 20g / EW 66g

Zutaten:

- 1 kg Spargel
- 4 Scheiben Schinken
- 1 Zitrone
- 1 TL Xucker
- 150 g Butter
- 3 Eigelbe
- 6 EL trockener Weißwein
- Weißer Pfeffer
- Salz

Zubereitung:

1. Schälen Sie die Spargelstangen gründlich und schneiden Sie die holzigen Enden ab • Geben Sie reichlich Wasser in einen Topf und bringen Sie es mit je 1 TL Salz und Xucker zum Kochen • Garen Sie den weißen Spargel mit 1 TL Zitronensaft bei mittlerer Hitze für 20 Minuten.

2. Zerlassen Sie für die Sauce Hollandaise die Butter • Geben Sie die Eigelbe und den Wein in eine Metallschüssel und schlagen Sie es über einem heißen Wasserbad mit einem Schneebesen cremig • Nehmen Sie nun alles von der Hitze, geben Sie die Butter zuerst tropfenweise, geben Sie sie dann in einem dünnen Strahl unter ständigem Rühren dazu bis eine cremige Sauce entsteht • Schmecken Sie alles mit Salz und Pfeffer ab.

45. Fischfilet mit Mango

Portion: 2
Zubereitung: ca. 35 Min.
Nährwerte: 306 kcal / Fett 10g / KH 16g / EW 36g

Zutaten:

- 4 Stück Dorade (Filet)
- 130 g Mango
- 130 g Gurke
- 80 g Paprika
- 80 g Spinat
- 1 Zitrone
- 1 EL Olivenöl
- 20 g Parmesan (gerieben)
- 1 Prise Meersalz
- 1 Prise Pfeffer

Zubereitung:

1. Abwaschen und trocknen Sie die Dorade • Schälen Sie die Mango und schneiden Sie das Fruchtfleisch in kleine Würfen • Abwaschen Sie die Gurke und schneiden Sie sie mit der Schale zusammen klein • Entfernen Sie das Kerngehäuse der Paprika und schneiden Sie die Paprika in kleine Würfel.

2. Abwaschen Sie den Spinat und trocknen Sie ihn in der Salatschleuder • Entfernen Sie die Stiele vom Spinat •

Abwaschen und trocknen Sie die Zitrone, reiben Sie einen Teil der Schale dann mit der Reibe in kleine Stücke • Halbieren Sie die Zitrone und pressen Sie den Saft aus.

3. Geben Sie die Mango, Gurke, Paprika und etwas Zitronensaft zusammen in eine Schüssel und würzen Sie alles mit Salz und Pfeffer • Geben Sie die Spinatblätter auf den Teller.

4. Erhitzen Sie das Olivenöl in der Pfanne und braten Sie die Doraden-Filets von beiden Seiten kurz an • Würzen Sie die Filets mit Salz und Pfeffer nach und geben Sie geriebenen Parmesan hinzu • Geben Sie die Fischfilets zum Spinat auf die Teller und servieren Sie alles zusammen mit der Mango-Sauce.

46. Thunfisch Salat mit Avocado

Portion: 2
Zubereitung: ca. 20 Min.
Nährwerte: 381 kcal / Fett 26g / KH 10g / EW 24g

Zutaten:

- 120 g Thunfisch, aus der Dose
- 1 Avocado
- 90 g Paprika
- 100 g Tomaten
- 30 g Mais, aus der Dose
- ½ Bund Petersilie
- 50 g Radieschen
- 30 g Gurke
- 1 Frühlingszwiebel
- ¼ Chilischote
- 1 Limette
- 3 EL Olivenöl
- Muskat
- Meersalz
- Pfeffer

Zubereitung:

1. Öffnen Sie die Thunfischdose ein Stück und gießen Sie den Saft ab, öffnen Sie dann die Dose ganz und zupfen Sie den Thunfisch mit der Gabel in Stücke • Halbieren Sie die Avocado und entfernen Sie den Kern • Halbieren Sie die Limette und pressen Sie den Saft aus • Beträufeln Sie beide Avocado-Hälften mit etwas Limettensaft.

2. Schälen Sie die Gurke und schneiden Sie sie in Stücke • Befreien Sie die Paprika von den Kernen und Trennwänden und schneiden Sie sie in kleine Würfel • Waschen Sie die Tomaten und schneiden Sie sie in Stücke • Putzen Sie die Frühlingszwiebel und schneiden Sie die Zwiebeln in Ringe.

3. Geben Sie den Mais in ein Sieb und lassen Sie ihn gut abtropfen • Waschen Sie die Petersilie und schütteln Sie sie trocken, zupfen Sie dann die Blätter ab und hacken sie klein • Halbieren Sie die Chilischote längs und entkernen Sie sie, hacken Sie die Chilischote dann fein • Putzen Sie die Radieschen und schneiden Sie sie in kleine Stücke.

4. Geben Sie den Thunfisch, Gurke, Paprika, Tomaten, Frühlingszwiebeln, Mais, Petersilie, Radieschen und Chilischote in eine Schüssel • Geben Sie Olivenöl und etwas Limettensaft dazu und würzen Sie alles mit frisch geriebener Muskatnuss, Salz und Pfeffer • Mischen Sie den Salat gut durch und servieren Sie ihn dann zusammen mit der Avocado.

47. Lachsfilet mit Pastinaken-Püree

Portion: 2
Zubereitung: ca. 40 Min.
Nährwerte: 834 kcal / Fett 57g / KH 25g / EW 49g

Zutaten:

- 2 Lachsfilets, ca. 400 g
- 40 g Mandel-blättchen
- 2 Stängel Dill
- 1 Zitrone
- 2 EL Olivenöl
- 250 g Pastinaken
- 70 g Erbsen, TK, aufgetaut
- 60 g Kartoffeln
- 70 g Milch
- 30 g Schlagsahne
- Muskat
- Meersalz
- Pfeffer
-

Zubereitung:

1. Waschen und trocknen Sie die Lachsfilets • Erhitzen Sie Öl in einer Pfanne und braten Sie die Filets von beiden Seiten leicht an • Waschen Sie den Dill ab und lassen Sie ihn ebenfalls trocknen, hacken Sie ihn dann klein • Geben Sie die Filets in eine feuerfeste Form und beträufeln Sie ihn mit Zitronensaft.

2. Geben Sie die Mandelblättchen und den Dill in die leere Pfanne und vermengen Sie sie mit dem restlichen Öl • Geben Sie dann das Gemisch über die Lachsfilets und würzen Sie es mit Salz und Pfeffer • Garen Sie die Filets im vorgeheizten Ofen bei 150 - 160 C° Umluft für etwa 20 Minuten.

3. Schälen Sie zur selben Zeit Pastinaken und Kartoffeln und schneiden Sie sie in kleine Würfel • Kochen Sie das Gemüse im Salzwasser für 10 - 15 Minuten weich, geben Sie kurz vor Ende der Garzeit die Erbsen hinzu • Gießen Sie es dann ab und lassen Sie das Gemüse im Topf ausdämpfen.

4. Fügen Sie Milch und Schlagsahne zum Gemüse hinzu und verarbeiten Sie alles mit einem Kartoffelstampfer zu einem Püree • Schmecken Sie das Püree mit frisch geriebener Muskatnuss und Salz ab.

5. Nehmen Sie die Lachsfilets mit der Mandelkruste aus dem Ofen und geben Sie sie zum Pastinaken-Püree.

48. Garnelen-Pfanne mit Reisnudeln

Portion: 2
Zubereitung: ca. 40 Min.
Nährwerte: 233 kcal / Fett 7g / KH 22g / EW 19g

Zutaten:

- 200 g Garnelen
- 350 ml Gemüse Fond
- 100 g Champignons
- 40 g Reisnudeln
- 1 Frühlingszwiebel
- 2 Tomaten
- 1 Limette
- 2 Knoblauchzehen
- ½ rote Chilischote
- 1 ½ EL Fischsauce
- 1 EL Sojasauce
- 1 TL Sesamöl
- 150 ml warmes Wasser
- Meersalz
- Pfeffer

Zubereitung:

1. Waschen Sie die Garnelen ab und lassen Sie sie abtropfen • Putzen Sie die Champignons und schneiden Sie sie in Scheiben • Putzen Sie die Frühlingszwiebeln und schneiden Sie sie schräg in Ringe • Waschen Sie die Tomaten ab und schneiden Sie sie in kleine Würfel • Schälen Sie den Knoblauch und schneiden Sie ihn in dünne Scheiben • Schneiden Sie die Chilischoten in dünne Ringe.

2. Erhitzen Sie den Gemüse Fond in einem Topf, Nehmen Sie den Topf von der Hitze und garen Sie die Reisnudeln darin • Erhitzen Sie das Sesamöl in einer Pfanne und braten Sie die Garnelen mit Knoblauch rundum kurz an • Geben Sie Champignons, Chilischoten und Tomate dazu und braten Sie sie mit an.

3. Halbieren Sie die Limette und pressen Sie den Saft aus • Vermengen Sie 200 ml warmes Wasser mit Fischsauce, Sojasauce und etwas Limettensaft und geben Sie alles in die Pfanne • Geben Sie Frühlingszwiebeln dazu und würzen Sie alles mit Salz und Pfeffer • Geben Sie zuletzt die Reisnudeln in die Pfanne und vermengen Sie alles gut.

4. Geben Sie bei Bedarf noch etwas Gemüse Fond dazu und schmecken Sie abschließend alles noch einmal mit Salz, Pfeffer und Limettensaft ab • Servieren Sie die Garnelen-Pfanne mit Garnelen und Gemüse in zwei Schälchen.

49. Lachsfilet mit grünen Bohnen

Portion: 2
Zubereitung: ca. 35 Min.
Nährwerte: 753 kcal / Fett 62g / KH 11g / EW 32g

Zutaten:

- 1 Lachsfilet, ca 250g
- 400 g grüne Bohnen
- ½ Zitrone
- 1 Knoblauchzehe
- 2 EL Butter
- 3 Zweige Thymian
- 2 Zweige Rosmarin
- 5 EL Olivenöl
- Meersalz
- Pfeffer

Zubereitung:

1. Waschen Sie das Lachsfilet ab und tupfen Sie es trocken • Schälen Sie den Knoblauch und hacken Sie ihn klein • Waschen Sie die Kräuter ab und schütteln Sie sie trocken, zupfen Sie dann die Blättchen vom Stiel und hacken Sie sie klein • Vermengen Sie Knoblauch, Kräuter und Öl In einer flachen Form, marinieren Sie dann den Fisch darin und lassen Sie ihn ziehen.

2. Putzen Sie die Bohnen und kochen Sie sie in einem Topf mit Wasser für etwa 8 Minuten • Gießen Sie dann die Bohnen ab und lassen Sie sie abtropfen • Schneiden Sie die Zitrone in Stücke.

3. Erhitzen Sie die Grillpfanne und grillen Sie das Lachsfilet, bis es Streifen hat, wenden Sie es dann und grillen Sie es auf der anderen Seite.

4. Geben Sie zur selben Zeit die Butter in eine zweite Pfanne und schwenken Sie die Bohnen darin • Schmecken Sie dann die Bohnen mit etwas Zitronensaft, Salz und Pfeffer ab.

5. Würzen Sie das Lachsfilet mit Salz und Pfeffer • Halbieren Sie das Filetstück und richten Sie je eine Hälfte auf den Bohnen an • Geben Sie Zitronenstücke dazu, träufeln Sie nach Belieben etwas Zitronensaft über den Fisch.

50. Fischfrikadellen mit Schalotten

Portion: 2
Zubereitung: ca. 30 Min.
Nährwerte: 248 kcal / Fett 13g / KH 1g / EW 30g

Zutaten:

- 500 g Fischfilet Ohne Haut
- 1 Ei
- 3 Schalotten
- 1 Knoblauchzehe
- 6 Stängel Koriander
- 5 Stängel Dill
- 1 EL Zitronensaft, frisch gepresst
- ½ TL Ingwer, gerieben
- 2 EL Butter
- 1 EL Olivenöl
- Salz
- Pfeffer

Zubereitung:

1. Waschen Sie das Fischfilet und tupfen Sie es trocken • Hacken Sie es mit dem Messer in grobe Stücke • Schälen Sie die Schalotten und schneiden Sie sie in feine Würfel • Waschen Sie die Kräuter und schütteln Sie sie trocken, hacken Sie sie fein.

2. Vermischen Sie den Fisch, Schalotten, Kräuter, Ingwer und das Ei in einer Schüssel • Schälen Sie den Knoblauch und pressen Sie ihn mit der Knoblauchpresse über den Fisch aus • Würzen Sie die Fischmischung mit Zitronensaft, Salz und Pfeffer und kneten Sie sie durch.

3. Formen Sie mit den Händen Frikadellen aus der Fischmischung • Erhitzen Sie das Öl in der Pfanne und braten Sie die Frikadellen 3 Minuten von jeder Seite an • Geben Sie Butter in die Pfanne und braten Sie die Fischfrikadellen nochmals auf jeder Seite etwa 2 Minuten an.

51. Kabeljau in Mandelkruste

Portion: 2
Zubereitung: ca. 25 Min.
Nährwerte: 632 kcal / Fett 45g / KH 10g / EW 42g

Zutaten:

- 300 g Kabeljaufilets
- 100 g Brokkoli
- 40 g Kokosraspeln
- 60 g Parmesan
- 50 g Mandeln, gemahlen
- 3 Knoblauchzehen
- 1 Eigelb
- Saft einer Limette
- 4 Zweige Thymian
- 2 EL Kokosöl
- Meersalz
- Pfeffer

Zubereitung:

1. Waschen Sie das Filet und tupfen Sie es trocken • Vermengen Sie die Kokosraspeln und Mandeln mit dem Eigelb in einer Schüssel • Schälen Sie den Knoblauch, pressen Sie ihn mit der Knoblauchpresse aus und geben Sie ihn zur Kokos-Mandel-Mischung.

2. Reiben Sie den Parmesan fein • Waschen Sie den Thymian und schütteln Sie ihn trocken, zupfen Sie die Blätter ab und hacken Sie sie fein • Geben Sie Parmesan

und Thymian zur Kokos-Mandel-Mischung und diese würzen Sie alles mit Salz und Pfeffer.

3. Erhitzen Sie das Kokosöl in der Pfanne und braten Sie die Kabeljaufilets von jeder Seite 2 Minuten an • Nehmen Sie den Fisch aus der Pfanne und geben Sie ihn in eine Auflaufform • Träufeln Sie Limettensaft über die Filets • Geben Sie die Kokos-Mandel-Mischung auf die Filets und backen Sie diese im vorgeheizten Backofen bei 160°C für 15 Minuten.

4. Schneiden Sie die Brokkoli-Röschen vom Stiel und waschen Sie sie • Geben Sie den Brokkoli in einen Topf mit Dämpfeinsatz und garen Sie ihn zugedeckt 8 Minuten lang.

52. Panierte Thunfischsteaks

Portion: 2
Zubereitung: ca. 35 Min.
Nährwerte: 408 kcal / Fett 24g / KH 1g / EW 44g

Zutaten:

- 400 g Thunfischsteaks
- 1 Zitrone
- 2 EL Sesamöl
- 2 Stängel Rosmarin
- 3 Stängel Thymian
- 1 Chilischote
- 1 Knoblauchzehe
- 2 EL Sesamöl
- 1 TL Zitronenzesten
- Meersalz

Zubereitung:

1. Waschen Sie den Thunfisch • Waschen Sie die Zitrone heiß ab, trocknen Sie sie ab und schneiden Sie sie in Scheiben • Halbieren Sie die Chilischote längs, entkernen und waschen Sie sie und hacken Sie sie fein • Schälen Sie den Knoblauch und schneiden Sie sie in feine Würfel.

2. Waschen Sie den Rosmarin und den Thymian und schütteln Sie ihn trocken, zupfen Sie die Blätter ab und geben Sie sie in einen Mörser • Geben Sie Zitronenzesten, Knoblauch, Chilischote, Salz und Sesamöl dazu und zerstoßen Sie alles.

3. Erhitzen Sie das Sesamöl in der Pfanne und braten Sie die Thunfischsteaks von beiden Seiten scharf an • Geben Sie die Kräutermischung dann auf die Steaks und backen Sie diese mit den Zitronenscheiben im vorgeheizten Backofen für 10 Minuten bei 120°C.

53. Lachsfilet mit Dill-Dip

Portion: 1
Zubereitung: ca. 10 Min.
Nährwerte: 558 kcal / Fett 38g / KH 5g / EW 45g

Zutaten:

- 400 g Lachsfilet
- 2 EL Olivenöl
- 3 EL Quark
- 1 EL Joghurt
- 3 EL gehackte Dillspitzen
- 2 EL Zitrone
- 2 TL Agavendicksaft
- Meersalz
- Pfeffer

Zubereitung:

1. Waschen Sie das Lachsfilet • Erhitzen Sie das Öl in der Pfanne und braten Sie das Lachsfilet von beiden Seiten kurz scharf an • Garen Sie den Lachs in der Pfanne für 10 Minuten im vorgeheizten Backofen bei 175°C.

2. Vermischen Sie alle restlichen Zutaten für den Dip in einer Schüssel • Nehmen Sie den Lachs aus dem Ofen, würzen Sie alles mit Salz und Pfeffer und servieren Sie ihn zusammen mit dem Dip.

54. Pesto-Fischfilets mit Tomate und Mozzarella

Portion: 2
Zubereitung: ca. 25 Min.
Nährwerte: 618 kcal / Fett 51g / KH 6g / EW 29g

Zutaten:

- 400 g Fischfilets
- Pesto
- 1 große Fleisch-tomate
- 1 Mozzarella
- 1 Zitrone
- 3 TL Butter
- 2 EL Balsamico
- 50 ml Sahne
- 50 ml trockener Weißwein
- 1 TL brauner Zucker
- Salz
- Pfeffer

Zubereitung:

1. Heizen Sie den Backofen auf 50°C vor • Waschen Sie die Tomate und schneiden Sie sie in Scheiben • Belegen Sie die Tomatenscheiben mit ein bis zwei Scheiben Mozzarella • Stellen Sie die Scheiben dann in den vorgeheizten Backofen.

2. Pressen Sie die Zitronen Aus und träufeln Sie den Zitronensaft über die Fischfilets, würzen Sie sie dann • Lassen Sie die Butter in einer Pfanne zergehen, braten Sie die Fischfilets bei mittlerer Hitze max. 3 min. von jeder Seite an • Legen Sie sie in eine feuerfeste Form und stellen Sie sie für 15 min. in den Backofen bei 150°C.

3. Geben Sie den Wein in die noch heiße Pfanne, um den Bratenansatz der Filets abzulösen, lassen Sie alles kurz aufkochen und geben Sie dann die Sahne dazu • Rühren Sie das Pesto und den Balsamico-Essig ein und schmecken Sie alles mit Zucker, Salz und Pfeffer ab.

4. Nehmen Sie den Teller aus dem Ofen, geben Sie dann zuerst die Soße auf den Teller, legen Sie die Filets darauf und bestreichen Sie sie mit Pesto.

55. Tomaten-Oliven-Fischpfanne

Portion: 4
Zubereitung: ca. 40 Min.
Nährwerte: 384 kcal / Fett 17g / KH 7g / EW 48g

Zutaten:

- 900 g Fisch
- 400 g Tomaten
- 250 ml Passata
- 100 g Oliven
- 2 Schalotten
- 4 Knoblauchzehen
- 1 Bio-Zitrone
- 4 Rosmarin Zweige
- 3 EL Olivenöl
- Muskat
- Meersalz
- Pfeffer

Zubereitung:

1. Waschen Sie den Fisch • Schneiden Sie ihn in Stücke • Waschen Sie die Tomaten, trocknen Sie sie und schneiden Sie sie in Stücke • Schälen Sie den Knoblauch und schneiden Sie ihn in Scheiben.

2. Waschen Sie den Rosmarin und lassen Sie ihn abtropfen • Waschen Sie die Zitrone heiß ab, trocknen Sie sie ab und reiben Sie mit der Reibe die Schale ab • Halbieren Sie die Zitrone, pressen Sie eine Hälfte aus, schneiden

Sie die andere Hälfte in Scheiben • Schälen Sie die Schalotten und schneiden Sie sie in feine Würfel.

3. Erhitzen Sie das Öl in der Pfanne und braten Sie den Fisch mit den Schalotten an • Geben Sie Knoblauch und Tomaten dazu und braten Sie sie mit • Geben Sie Passata, Rosmarinzweige und Zitronenscheiben dazu und kochen Sie alles für 15 Minuten.

4. Geben Sie die Oliven, den Zitronenschalenabrieb und -saft in die Pfanne und rühren Sie alles • Würzen Sie die Fischpfanne mit frisch geriebener Muskatnuss, Salz und Pfeffer.

56. Kokos-Fischsuppe

Portion: 4
Zubereitung: ca. 40 Min.
Nährwerte: 263 kcal / Fett 12g / KH 6g / EW 31g

Zutaten:

- 500 g festes Fischfilet
- 400 ml Fischfond
- 300 ml Kokosmilch
- 10 Cherry-Tomaten
- 2 Limetten
- 1 Bund Koriander
- 1 rote Chilischote
- 4 Limettenblätter
- 10 g Ingwer
- 3 Knoblauchzehen
- Schwarzer Sesam
- Salz
- Pfeffer

Zubereitung:

1. Schälen Sie den Ingwer und schneiden Sie ihn in dünne Scheiben • Schälen Sie den Knoblauch und hacken Sie ihn fein • Waschen Sie die Tomaten • Waschen Sie die Chilischoten und schneiden Sie sie in Ringe • Waschen Sie den Koriander, lassen Sie ihn abtropfen, zupfen Sie die Blätter ab und hacken Sie ihn klein.

2. Waschen Sie den Fisch ab, Entfernen Sie die Gräten und zerteilen Sie ihn mit der Hand in kleine Stückchen, würzen Sie ihn mit Salz, Pfeffer und Limettensaft.

3. Erhitzen Sie den Fischfond, geben Sie Korianderstiele, Limettenblätter und Ingwer dazu, lassen Sie alles kurz aufkochen und kochen Sie es für etwa 10 Minuten • Geben Sie den Fond durch ein Sieb • Geben Sie Kokosmilch, Cherry-Tomaten, Chili und Knoblauch dazu und kochen Sie alles für 5 Minuten.

4. Geben Sie den Fisch in die Kokosbrühe und lassen Sie ihn 8 Minuten lang ziehen • Beträufeln Sie es mit dem Saft einer Limette und schmecken Sie alles mit Salz und Pfeffer ab.

5. Garnieren Sie die Fischsuppe mit Koriander, schwarzem Sesam und Limetten.

57. Lachsfilet mit Spinat und Dill

Portion: 4
Zubereitung: ca. 30 Min.
Nährwerte: 558 kcal / Fett 38g / KH 3g / EW 47g

Zutaten:

- 400 g Lachsfilet mit Haut
- 600 g jungen Spinat
- 1 Schalotte
- 2 Knoblauchzehen
- 1 Bund Dill
- 1 Zitrone
- 10 g Ingwer
- Muskat
- Meersalz
- Pfeffer
- 2 EL Olivenöl

Zubereitung:

1. Waschen Sie das Lachsfilet kalt ab und salzen Sie es • Waschen Sie den Spinat und schleudern Sie ihn trocken • Schälen Sie den Knoblauch und die Schalotte und schneiden Sie sie in feine Würfel • Waschen Sie den Dill und zupfen Sie die Dillspitzen ab • Schälen Sie den Ingwer und reiben Sie ihn.
2. Heizen Sie den Backofen auf 180°C vor • Geben sie das Öl in eine beschichtete Pfanne und braten Sie den Lachs auf der Haut Seite etwa 5 Minuten an, backen Sie dann den Lachs im Backofen für etwa 12 Minuten.

3. Geben Sie Öl in eine zweite große beschichte Pfanne und braten Sie die Schalotten und Knoblauchwürfel darin an • Geben Sie nach und nach den Spinat dazu und würzen Sie alles mit Muskat, Salz, Pfeffer, Zitronensaft und gerieben Ingwer • Heben Sie den Dill unter.

4. Geben Sie den Spinat auf 2 Tellern und darauf den Lachs • Belegen Sie ihn mit Zitronenscheiben.

58. Kabeljau mit schwarzem Sesam

Portion: 4
Zubereitung: ca. 35 Min.
Nährwerte: 354 kcal / Fett 27g / KH 5g / EW 20g

Zutaten:

- 400 g Kabeljaufilet
- 1 Avocado
- 1 Orange
- 1 rote Chilischote
- 3 Limetten
- Zitronenbasilikum
- 2 TL schwarzer Sesam
- 7 EL Olivenöl
- Salz
- Pfeffer

Zubereitung:

1. Halbieren Sie die Avocado, entfernen Sie mit dem Esslöffel das Fruchtfleisch von der Schale und schneiden Sie es in dünne Scheiben • Schälen Sie eine Orange mit dem Messer sauber ab, schneien Sie dann das Fruchtfleisch aus den Seitenwänden • Schneiden Sie den Chili in feine Ringe • Verrühren Sie Olivenöl, Limettensaft, Salz, Pfeffer und Chili miteinander.

2. Legen Sie die Fischfilets auf ein Arbeitsbrett und schneiden Sie es mit einem scharfen Messer in hauchdünne Scheiben • Verteilen Sie den Fisch sofort auf 4 Teller, beträufeln Sie ihn mit der Chili-Limetten-Vinaigrette.

3. Legen Sie die Avocado- und Orangenfilets auf den Fisch, verteilen Sie das Sesam und mit Basilikum darüber.

59. Schellfischfrikadellen

Portion: 4
Zubereitung: ca. 30 Min.
Nährwerte: 133 kcal / Fett 2g / KH 3g / EW 25g

Zutaten:

- 400 g Schellfischfilet
- 1 Eigelb
- 1 EL Meerrettich
- 4 EL Semmelbrösel (Low Carb)
- 3 Knoblauchzehen
- 1 Zitrone
- ½ Bund Dill
- ¼ Bund Koriander
- ¼ Bund Petersilie
- Salz
- Pfeffer

Zubereitung:

1. Waschen Sie den Fisch ab und hacken Sie ihn fein • Hacken Sie Petersilie und Koriander fein • Zupfen Sie die Dillspitzen ab • Schälen Sie den Knoblauch und pressen Sie ihn aus • Reiben Sie die Zitronenschale ab und pressen Sie die Zitrone aus.

2. Mischen Sie die Semmelbrösel, Meerrettich und Eigelb mit den Kräutern • Vermengen sie 2 EL Zitronensaft, Fisch und Knoblauch mit der Mischung und würzen Sie alles mit Meersalz und Pfeffer.

3. Formen Sie aus der Fischmasse etwa 8 gleichmäßige Fischfrikadellen • Geben Sie Öl in eine beschichtete Pfanne und braten Sie die Frikadellen für etwa 4 Minuten bei mittlerer Hitze von jeder Seite an.

Vegetarische Gerichte

60. Vegetarischer Süßkartoffel-Auflauf

Portion: 2
Zubereitung: ca. 55 Min.
Nährwerte: 650 kcal / Fett 50g / KH 22g / EW 23g

Zutaten:

- 250 g Zucchini
- 100 g Süßkartoffel
- 200 g Mozzarella, gerieben
- 200 ml Milch
- 70 ml Sahne
- 2 Frühlingszwiebeln
- 1 Knoblauchzehe
- 5 Stängel Petersilie
- 2 EL Butter
- 2 EL Dinkelmehl
- Muskatnuss, gerieben
- Meersalz
- Pfeffer

Zubereitung:

1. Waschen Sie die Zucchini ab und trocknen Sie sie, Schneiden Sie dann die Enden ab • Schneiden Sie die Zucchini gleichmäßig in etwa 5 mm dicke Scheiben • Schälen Sie die Süßkartoffel und schneiden Sie sie in dünne Scheiben.

2. Schälen und hacken Sie den Knoblauch • Waschen Sie die Petersilie ab und schütteln Sie sie trocken, zupfen Sie dann die Blätter ab und hacken Sie sie fein • Putzen Sie die Frühlingszwiebel und schneiden Sie sie in Ringe.

3. Schmelzen Sie die Butter in einem Topf und rühren Sie das gesiebte Mehl mit dem Schneebesen ein • Geben Sie Milch dazu und verrühren Sie alles gut.

4. Geben Sie Sahne dazu und würzen Sie alles mit frisch geriebener Muskatnuss, Salz und Pfeffer.

5. Geben Sie Knoblauch und Petersilie zur Sauce und rühren Sie sie durch • Geben Sie Zucchini und Süßkartoffel dazu und lassen Sie alles bei geschlossenem Deckel kurz kochen.

6. Geben Sie alles in eine feuerfeste Form und bestreuen Sie es mit Mozzarella • Garen Sie das Ganze für 30 - 35 Minuten im vorgeheizten Backofen bei 180°C.

7. Nehmen Sie den Auflauf nach 30 Minuten heraus und prüfen Sie mit der Gabel, ob das Gemüse gar ist • Nehmen Sie den Auflauf dann aus dem Ofen, und bestreuen Sie ihn mit Frühlingszwiebelringen.

61. Omelette mit Tomaten und Aubergine

Portion: 2
Zubereitung: ca. 25 Min.
Nährwerte: 392 kcal / Fett 25g / KH 9g / EW 30g

Zutaten:

- 4 Eier
- 90 g Cherry-Tomaten
- 60 g Aubergine
- 2 Stgl. Basilikum
- 1 EL Schlagsahne
- 1 TL Olivenöl
- Meersalz
- Pfeffer

Zubereitung:

1. Waschen Sie die Aubergine und Tomaten ab, lassen Sie sie abtropfen und schneiden Sie sie in Scheiben • Salzen Sie die Aubergine leicht.
2. Schlagen Sie die Eier in einer Schüssel auf und verquirlen Sie sie mit Sahne, etwas Salz und Pfeffer • Erhitzen Sie Öl in der Pfanne und geben Sie es in die Ei Masse hinein • Verteilen Sie die Auberginen und Tomatenscheiben darauf • Legen Sie den Deckel auf die Pfanne und lassen Sie alles stocken.
3. Würzen Sie alles mit Salz und Pfeffer und bestreuen Sie es mit Basilikum • Klappen Sie das Omelett vorsichtig in der Mitte zusammen.

62. Kürbis-Quinoa mit Rucola und Minze

Portion: 2
Zubereitung: ca. 25 Min.
Nährwerte: 272 kcal / Fett 12g / KH 31g / EW 8g

Zutaten:

- 50 g Quinoa
- 150 g Hokkaido-Kürbis
- 1 Zwiebel
- 80 g Rucola
- 2 EL Olivenöl
- 1 Zweig frische Minze
- ½ Limette
- Pfeffer
- Meersalz

Zubereitung:

1. Geben Sie das Quinoa in ein feines Sieb und spülen Sie es unter fließendem Wasser ab, um die Bitterstoffe abzuspülen • Lassen Sie das Quinoa dann in einem Topf mit Wasser bedeckt 10 Minuten kochen, bis die Körnchen bissfest sind • Gießen Sie das Quinoa ab und lassen Sie es im Topf ausdämpfen.

2. Waschen Sie den Kürbis ab und trocknen Sie ihn, halbieren Sie ihn und kratzen Sie die Kerne mit einem Löffel heraus • Schneiden Sie den Kürbis in kleine Stücke • Schälen Sie die Zwiebel, halbieren Sie sie und schneiden

Sie sie in dünne Ringe • Waschen Sie den Rucola ab und lassen Sie ihn gut abtropfen.

3. Erhitzen Sie Öl in der Pfanne und braten Sie den Kürbis rundum an • Geben Sie das Quinoa und die Zwiebel dazu und würzen Sie alles mit Salz und Pfeffer • Waschen Sie die Minze ab und schütteln Sie sie trocken, zupfen Sie die Blätter ab und hacken Sie sie klein • Geben Sie Limettensaft, Rucola und Minze dazu und mischen Sie alles durch.

63. Gegrillte Knoblauch-Zucchini

Portion: 3
Zubereitung: ca. 25 Min.
Nährwerte: 149 kcal / Fett 12g / KH 5g / EW 4g

Zutaten:

- 400 g Zucchini
- 4 Knoblauchzehen
- ½ L Zitronenschale, frische gerieben
- 3 Zweige Thymian
- ½ rote Chilischote
- Meersalz
- Pfeffer

Zubereitung:

1. Waschen Sie die Zucchini ab und trocknen Sie sie, schneiden Sie sie dann der Länge nach in etwa 1 cm dicke Scheiben • Entkernen Sie die Chilischote und hacken Sie sie in feine Stk. • Bestreichen Sie die Zucchinischeiben mit Öl & würzen Sie sie mit Chili, Salz & Pfeffer.
2. Zerdrücken Sie die Knoblauchzehen mit der flachen Messerseite • Waschen Sie den Thymian ab und schütteln Sie ihn trocken • Erhitzen Sie die Grillpfanne und legen Sie die Zucchinischeiben hinein • Geben Sie Thymian und Knoblauch dazu.
3. Wenden Sie die Zucchinischeiben erst, wenn deutliche Röststreifen erkennbar sind, grillen Sie sie dann von der anderen Seite • Geben Sie zuletzt frische Zitronenschale über die Zucchinischeiben

64. Röstis mit Spiegeleier

Portion: 2
Zubereitung: ca. 35 Min.
Nährwerte: 274 kcal / Fett 18g / KH 10g / EW 16g

Zutaten:

- 250 g Blumenkohl, gerieben
- 100 g Kartoffel, gerieben
- 1 Ei
- 2 EL Olivenöl
- 2 TL Butter
- 30 g Rucola
- Muskatnuss, gerieben
- Meersalz
- Pfeffer

Zubereitung:

1. Vermengen Sie für die Röstis das Ei mit den Kartoffeln- und Blumenkohlraspeln und würzen Sie die Mischung mit Salz, Pfeffer und frisch geriebener Muskatnuss • Erhitzen Sie das Öl in einer Pfanne und geben Sie portionsweise die Mischung hinein.

2. Drücken Sie mit dem Pfannenwender den Rösti gleichmäßig flach und wenden Sie sie nach wenigen Minuten • Braten Sie den Rösti auf der anderen Seite, nehmen Sie ihn dann heraus und bereiten Sie die nächste Portion zu.

3. Erhitzen Sie in einer zweiten Pfanne Butter und Öl • Schlagen Sie die Eier vorsichtig auf und geben Sie sie hinein • Würzen Sie die Spiegeleier leicht mit Salz und Pfeffer und braten Sie sie bei mittlerer Hitze.

4. Waschen Sie zur selben Zeit die Rucola-Blätter ab und schütteln Sie sie trocken, geben Sie dann jeweils eine Portion auf die Teller • Geben Sie anschließend die Röstis und die Spiegeleier dazu.

65. Gemüse-Frikadellen mit Tomatensalat

Portion: 2
Zubereitung: ca. 30 Min.
Nährwerte: 379 kcal / Fett 28g / KH 8g / EW 21g

Zutaten:

- 400 g Blumenkohl,
- 200 g Tomaten
- 1 Ei
- 150 g Gouda, gerieben
- 3 Stängel Dill
- 2 Stängel Petersilie
- 2 EL Olivenöl
- Muskat
- Salz
- Pfeffer

Zubereitung:

1. Waschen Sie den Blumenkohl und lassen Sie ihn abtropfen • Zerkleinern Sie den Blumenkohl mit der Reibe • Mischen Sie den geriebenen Blumenkohl, Ei, Gouda, etwas frisch geriebene Muskatnuss, Salz und Pfeffer in einer Schüssel und verarbeiten Sie alles zu einem Teig.

2. Waschen Sie die Tomaten und lassen Sie sie abtropfen, halbieren Sie sie dann und schneiden Sie sie in Scheiben • Waschen Sie die Kräuter und schütteln Sie sie trocken, zupfen Sie die Blätter ab und hacken Sie sie klein • Teilen Sie die Tomatenscheiben auf zwei Teller auf,

würzen Sie alles mit Salz und Pfeffer und bestreuen Sie alles mit Kräuter.

3. Erhitzen Sie Öl in einer großen Pfanne • Formen Sie aus der Blumenkohlmasse mit feuchten Händen gleich große Frikadellen und geben Sie sie in die heiße Pfanne • Braten Sie die vegetarischen Gemüse-Frikadellen von beiden Seiten für mehrere Minuten goldbraun an und servieren Sie sie dann zusammen mit dem Tomatensalat.

66. Hummus aus Brokkoli und Kichererbsen

Portion: 2
Zubereitung: ca. 20 Min.
Nährwerte: 418 kcal / Fett 33g / KH 17g / EW 10g

Zutaten:

- 200 g Kichererbsen
- 100 g Brokkoli
- 40 g Pinienkerne
- 1 TL Tahin Sesammus
- 2 Knoblauchzehen
- 2 grüne Chilischote
- 2 EL Limettensaft
- 30 ml Olivenöl
- 5 EL Wasser
- Meersalz
- Muskat

Zubereitung:

1. Waschen Sie den Brokkoli und schneiden Sie die Röschen vom Stiel • Bringen Sie Wasser in einem kleinen Topf zum Kochen, geben Sie die Brokkoliröschen hinein und kochen Sie alles 3 Minuten lang • Gießen Sie den Brokkoli durch ein Sieb ab.

2. Rösten Sie die Pinienkerne in einer Pfanne ohne Öl goldbraun an • Geben Sie die Kichererbsen in ein Sieb und waschen Sie sie unter fließendem Wasser ab • Geben

Sie Kichererbsen und Brokkoli in einen Mixbecher • Schälen Sie den Knoblauch und geben Sie die Chilischote sowie der Hälfte der Pinienkerne in den Mixbecher.

3. Geben Sie Tahin Sesammus, Olivenöl, Limettensaft und Wasser in den Mixbecher und pürieren Sie alles mit dem Stabmixer fein • Schmecken Sie den Brokkoli-Hummus mit Salz und Muskat ab • Geben Sie nach Belieben etwas Olivenöl und die restlichen Pinienkerne dazu.

67. Überbackene Champignons

Portion: 2
Zubereitung: ca. 25 Min.
Nährwerte: 652 kcal / Fett 52g / KH 3g / EW 38g

Zutaten:

- 400 g Champignons
- 100 g Frischkäse
- 1 Zitrone
- 2 Frühlingszwiebeln
- 160 g Parmesan
- 3 EL Olivenöl
- 1 Knoblauchzehe
- Petersilie
- Muskat
- Meersalz
- Pfeffer

Zubereitung:

1. Putzen Sie die Champignons mit einer weichen Bürste, schneiden Sie die trockenen Stielenden ab • hacken Sie die Stiele und geben Sie sie in eine Schüssel • Legen Sie die Pilzköpfe auf ein mit Backpapier ausgelegtes Backblech.

2. Putzen Sie die Frühlingszwiebeln und schneiden Sie sie in Ringe • Schälen Sie den Knoblauch und hacken Sie ihn fein • Waschen Sie die Petersilie und schütteln Sie sie trocken, hacken Sie ihn fein • Reiben Sie den Parmesan

• Waschen Sie die Zitrone heiß ab und trocknen Sie sie ab, reiben dann die Schale ab.

3. Erhitzen Sie das Öl in der Pfanne und braten Sie die Frühlingszwiebeln, Knoblauch und Pilzstiele unter Rühren an • Geben Sie Frischkäse dazu und verrühren Sie alles • Rühren Sie den Zitronenabrieb unter, schmecken Sie dann die Füllung mit Salz, Pfeffer und Muskat ab.

4. Geben Sie die warme Füllung in die Champignonköpfe und bestreuen Sie diese mit Parmesan • Backen Sie die Champignons im vorgeheizten Ofen bei 200°C für 20 Minuten auf mittlerer Schiene • Bestreuen Sie die Pilze mit Petersilie.

68. Grüne Spargelsuppe

Portion: 4
Zubereitung: ca. 30 Min.
Nährwerte: 331 kcal / Fett 18g / KH 21g / EW 19g

Zutaten:

- 500 g TK-Erbsen
- 150 g grüner Spargel
- 150 g Spargel
- 2 Schalotten
- 5 Lauchzwiebeln
- 100 g Kartoffeln
- 700 ml Gemüse Fond
- Ingwer, frisch, gerieben
- 4 EL Olivenöl
- ½ Bund Basilikum
- Muskat
- Meersalz
- Pfeffer

Zubereitung:

1. Schälen Sie die Schalotten und schneiden Sie sie in feine Würfel • Putzen Sie die Lauchzwiebeln und schneiden Sie sie in Ringe • Schälen Sie die Kartoffeln und schneiden Sie sie in Stücke • Schneiden Sie die Spargel-Stangen in 3 cm lange Stücke • Waschen Sie das Basilikum und schütteln Sie ihn trocken, legen Sie 4 schöne Stiele für die Deko beiseite, hacken Sie den Rest klein.

2. Erhitzen Sie in einem Topf 2 EL Öl und braten Sie die Kartoffeln mit Schalotten und Lauchzwiebeln unter Rühren an • Löschen Sie alles mit dem Fond ab und lassen Sie

es dann zugedeckt etwa 10 Minuten kochen • Geben Sie gefrorene Erbsen dazu und lassen Sie alles für weitere 5 Minuten kochen.

3. Geben Sie Ingwer und Basilikum zur Suppe • Nehmen Sie den Topf von der Herdplatte und Pürieren Sie alles mit dem Stabmixer fein • Schmecken Sie die Suppe mit frisch geriebener Muskatnuss, Salz und Pfeffer ab.

4. Braten Sie in einer Pfanne die Spargelstücke rundum an • Würzen Sie alles mit Salz und Pfeffer • Füllen Sie die Suppe in vier Schüsseln und geben Sie die Spargelstücke dazu • Zerbröseln Sie den Feta in den Händen und geben Sie ihn zur Suppe • Dekorieren Sie jede Schüssel mit Basilikum.

69. Ei-Pfanne mit Gemüse

Portion: 1
Zubereitung: ca. 15 Min.
Nährwerte: 392 kcal / Fett 25g / KH 14g / EW 25g

Zutaten:

- 3 Eier
- 1 grüne Paprika
- ½ Zwiebel
- 1 Stängel Petersilie
- 7 Cherry-Tomaten
- 2 EL Olivenöl
- Pfeffer
- Meersalz

Zubereitung:

1. Waschen Sie die Paprika, Tomaten und Petersilie und lassen Sie sie abtropfen • Entfernen Sie die Kerne der Paprika und schneiden Sie sie in Stücke • Halbieren Sie die Tomaten • Hacken Sie die Petersilie klein • Schälen Sie die Zwiebel und schneiden Sie sie in feine Würfel.

2. Erhitzen Sie das Öl in der Pfanne und schwitzen Sie Zwiebel an • Geben Sie die Paprika und Tomaten dazu und braten Sie sie mit an • Verquirlen Sie die Eier mit dem Salz und Pfeffer in einer Schüssel und geben Sie alles zum Gemüse in die Pfanne.

3. Mischen Sie mit dem Pfannenwender alles mehrmals durch, sodass das Ei von allen Seiten gebraten wird • Schmecken Sie die Gemüsepfanne mit Salz und Pfeffer ab und geben Sie die Petersilie dazu.

70. Bohnen-Gemüsepfanne

Portion: 2
Zubereitung: ca. 25 Min.
Nährwerte: 275 kcal / Fett 19g / KH 20g / EW 4g

Zutaten:

- 150 g grüne Bohnen
- 1 rote Paprika
- 1 grüne Paprika
- 4 kleine Möhren
- 3 Knoblauchzehen
- 3 EL Olivenöl
- 1 EL Butter
- Pfeffer
- Meersalz

Zubereitung:

1. Waschen Sie die Bohnen, putzen Sie sie und geben Sie sie in einen Topf • Lassen Sie die Bohnen aufkochen • Kochen Sie sie für etwa 5 Minuten, gießen Sie sie dann in ein Sieb ab.

2. Halbieren Sie die Paprikaschoten, entfernen Sie die Kerne und Trennwände und waschen Sie die Hälften unter fließendem Wasser ab • Schneiden Sie die Paprika in Streifen • Waschen Sie die Möhren gründlich • Schälen Sie den Knoblauch und schneiden Sie ihn in feine Scheiben.

3. Erhitzen Sie das Öl und die Butter in der Pfanne und geben Sie Möhren hinein • Geben Sie Paprika, Bohnen und Knoblauch dazu und braten Sie alles für 3 Minuten in der Pfanne an, Schwenken Sie das Gemüse dabei mehrmals durch • Würzen Sie alles mit Salz und Pfeffer.

71. Gegrillter Paprika-Halloumi-Käse

Portion: 2
Zubereitung: ca. 25 Min.
Nährwerte: 510 kcal / Fett 42g / KH 7g / EW 22g

Zutaten:

- 200 g Halloumi-Käse
- 2 Paprika
- 3 EL Olivenöl
- Griechische Oliven
- Pfeffer
- Meersalz

Zubereitung:

1. Waschen Sie die Paprikaschoten und schneiden Sie sie in Stücke • Bepinseln Sie die Grillpfanne mit Olivenöl und braten Sie den Halloumi und die Paprika darin an • Wenden Sie den Halloumi erst, wenn Grillstreifen erkennbar sind.

2. Lassen Sie die Oliven abtropfen und geben Sie sie kurz vor Ende der Garzeit zur Paprika • Würzen Sie alles mit Salz und Pfeffer.

72. Möhrennudeln mit Feta und Zitrone

Portion: 2
Zubereitung: ca. 20 Min.
Nährwerte: 264 kcal / Fett 16g / KH 15g / EW 13g

Zutaten:

- 300 g Möhren
- 150 g Feta
- Saft einer Zitrone
- 2 EL Olivenöl
- 3 cm Ingwer
- 4 Stängel Koriander
- Meersalz

Zubereitung:

1. Schälen Sie die Möhren, schneiden Sie sie dann mit dem Sparschäler in lange dünne Streifen • Schälen Sie den Ingwer und schneiden Sie ihn in Scheiben • Geben Sie die Möhren-Nudeln und den Ingwer in einem Topf mit kochendem Salzwasser.

2. Waschen Sie den Koriander und zupfen Sie die Blätter vom Stiel • Lassen Sie die Möhren-Nudeln abtropfen und geben Sie sie in einer Schüssel mit Öl und Zitronensaft • Schmecken Sie sie mit Salz ab und verteilen Sie sie auf zwei Teller • Geben Sie Koriander und zerbröselten Feta dazu.

73. Rote-Beete-Suppe mit Knollensellerie

Portion: 4
Zubereitung: ca. 50 Min.
Nährwerte: 219 kcal / Fett 16g / KH 13g / EW 4g

Zutaten:

- 350 g rote Beete
- 150 g Knollensellerie
- 300 ml Gemüsefond
- 200 ml Sahne
- ½ Bund Petersilie
- 1 Sternanis
- 3 Schalotten
- 1 Lorbeerblatt
- 1 EL Butter
- Saft einer Zitrone
- Muskat
- Himalaya Salz
- Pfeffer

Zubereitung:

1. Schälen Sie die Rote Bete und den Knollensellerie und würfeln Sie ihn grob • Schälen Sie die Schalotten und würfeln Sie sie • Zerkleinern Sie den Sternanis in der Moulinette.

2. Erhitzen Sie Butter in einem Topf und braten Sie die Rote Bete, Knollensellerie und Zwiebel darin an • Gießen Sie es mit Fond auf und lassen Sie es aufkochen • Geben Sie Sternanis, Muskat und Lorbeerblatt dazu • Lassen Sie die Suppe bei mittlerer Hitze etwa 40 Minuten kochen.

3. Nehmen Sie die Suppe vom Herd und pürieren Sie sie mit dem Stabmixer • Würzen Sie alles mit Salz und Pfeffer und rühren Sie die Sahne unter • Lassen Sie die Suppe erneut aufkochen und schmecken Sie sie mit Zitronensaft ab.

4. Hacken Sie die Kräuter klein und geben Sie sie dazu.

Vegane Gerichte

74. Rosmarin-Gemüsespieße

Portion: 2
Zubereitung: ca. 35 Min.
Nährwerte: 205 kcal / Fett 15g / KH 12g / EW 4g

Zutaten:

- 150 g Cherry-Tomaten
- 80 g Paprika
- 150 g Champignons
- 150 g Zucchini
- 100 g Radieschen
- 1 Zwiebel
- 2 Zweige Rosmarin
- 1 Zweig Thymian
- 3 EL Olivenöl
- Bunter Pfeffer
- Meersalz

Zubereitung:

1. Waschen Sie die Tomaten, Zucchini und Radieschen ab und lassen Sie sie abtropfen • Schneiden Sie die Zucchini in dicke Scheiben und teilen Sie diese in 4 Stücke • Befreien Sie die Radieschen vom Grün und halbieren Sie sie • Entfernen Sie bei der Paprika die Kerne und Trennwände und schneiden Sie sie in Stücke.

2. Schälen Sie die Zwiebel und schneiden Sie sie in Stücke • Waschen Sie die Kräuter ab und schütteln Sie sie trocken, zupfen Sie dann die Blätter vom Stiel und hacken Sie die Kräuter • Putzen Sie die Champignons und schneiden Sie das trockene Stielende ab• Halbieren Sie die Pilze dann.

3. Stecken Sie die vorbereiteten Zutaten abwechselnd auf Holzspieße • Legen Sie die Spieße auf eine Platte und beträufeln Sie sie mit Öl • Würzen Sie sie dann mit Salz und Pfeffer und streuen Sie die Kräuter darüber • Grillen Sie die Spieße auf einen heißen Grill oder in der Grillpfanne.

75. Selleriepüree mit Schnittlauch

Portion: 3
Zubereitung: ca. 25 Min.
Nährwerte: 94 kcal / Fett 7g / KH 3g / EW 4g

Zutaten:

- 400 g Knollensellerie
- 50 g Sojacreme
- ½ Bund Schnittlauch
- 1 EL Olivenöl
- Muskatnuss, gerieben
- Meersalz

Zubereitung:

1. Schälen Sie den Sellerie, putzen Sie ihn und schneiden Sie ihn in kleine Würfel • Geben Sie den Sellerie in einen Topf und bedecken Sie die Würfel knapp mit Wasser • Lassen Sie die Selleriewürfel 20 Minuten bei mittlerer Hitze.
2. Gießen Sie die Selleriewürfel in ein Sieb und lassen Sie sie dann kurz im leeren, heißen Topf ausdampfen • Geben Sie die Selleriewürfel in einen Mixbecher und pürieren Sie sie mit dem Stabmixer fein • Rühren Sie anschließend Sojacreme, Olivenöl, etwas Salz und frisch geriebene Muskatnuss mit einem Löffel unter.
3. Waschen Sie den Schnittlauch ab und schütteln Sie ihn trocken, schneiden Sie ihn dann in Ringe • Geben Sie den Schnittlauch dann zum Selleriepüree.

76. Aubergine-Paprika-Gemüsepfanne

Portion: 2
Zubereitung: ca. 35 Min.
Nährwerte: 332 kcal / Fett 11g / KH 11g / EW 45g

Zutaten:

- 250 g Aubergine
- 250 g rote Paprika
- 1 rote Zwiebel
- ½ Chilischote
- ½ Bund Basilikum
- 4 Zweige Thymian
- 350 ml Gemüsefond
- 3 EL Olivenöl
- 2 EL grüne Oliven, entsteint
- 2 EL Kapern ((aus dem Glas)
- 3 TL Tomatenmark
- Meersalz
- Pfeffer

Zubereitung:

1. Waschen Sie die Aubergine, Paprikaschoten und Chilischote ab und lassen Sie sie abtropfen • Halbieren Sie die Aubergine längs und schneiden Sie sie in Scheiben • Halbieren Sie die Paprikaschoten, entfernen Sie die Kerne und Trennwände und schneiden Sie sie in Stücke.

2. Schälen Sie die Zwiebel und würfeln Sie sie • Schneiden Sie die Oliven in Scheiben • Zupfen Sie die Thymianblättchen vom Stiel • Schneiden Sie die Chilischote in Ringe.

3. Erhitzen Sie das Olivenöl in der Pfanne und schwitzen Sie darin die Zwiebel an • Braten Sie die Aubergine, Paprika und Chilischote dann mit an • Geben Sie Tomatenmark dazu und rühren Sie es unter • Löschen Sie alles mit dem Gemüsefond ab.

4. Geben Sie dann Oliven, Kapern, Thymian, Salz und Pfeffer dazu und rühren Sie alles gut durch • Garen Sie das Gemüse für 10 Minuten bei mittlerer Hitze • Schmecken Sie die Gemüsepfanne noch einmal mit Salz und Pfeffer ab, und garnieren Sie sie mit Basilikumblättchen.

77. Aubergine-Zucchini-Gemüseauflauf

Portion: 3
Zubereitung: ca. 50 Min.
Nährwerte: 162 kcal / Fett 9g / KH 13g / EW 6g

Zutaten:

- 150 g Aubergine
- 250 g Zucchini
- 300 g Tomaten
- 1 rote Paprika
- 2 Knoblauchzehen
- 2 Schalotten
- 2 Stiele Thymian
- 1 Zweig Rosmarin
- 3 Stiele Basilikum
- 150 ml Gemüsefond
- 3 EL Olivenöl
- 2 EL Tomatenmark
- Meersalz
- Pfeffer

Zubereitung:

1. Waschen Sie das Gemüse ab und lassen Sie es abtropfen • Schneiden Sie die Aubergine, Zucchini und Tomaten in Scheiben • Halbieren Sie die Paprikaschoten, entkernen Sie sie und schneiden Sie sie in Streifen • Waschen Sie die Kräuter ab und schütteln Sie sie trocken, zupfen Sie dann die Blätter vom Stiel • Hacken Sie dann den Thymian und Rosmarin klein.

2. Schälen Sie die Schalotten und den Knoblauch und hacken Sie alles fein • Erhitzen Sie Öl in einem Topf und

braten Sie die Schalotten und den Knoblauch darin an • Geben Sie das Tomatenmark dazu und braten Sie es mit • Löschen Sie alles mit dem Gemüsefond ab • Lassen Sie die Sauce kurz aufkochen, würzen Sie sie dann mit Salz und Pfeffer und geben Sie die gehackten Kräuter dazu.

3. Schichten Sie dann die Aubergine, Zucchini, Tomaten und Paprika abwechselnd in eine Auflaufform • Geben Sie dann die Sauce darüber und backen Sie alles für 20 Minuten im vorgeheizten Backofen bei 175°C • Garnieren Sie den Auflauf abschließend mit Basilikumblättchen.

78. Gebratener Kürbis mit Spinat und Kernen

Portion: 1
Zubereitung: ca. 30 Min.
Nährwerte: 511 kcal / Fett 43g / KH 19g / EW 8g

Zutaten:

- 150 g Kürbisfleisch
- 150 g Babyspinat
- 20 g Walnusskerne
- 15 g Pinienkerne
- 2 EL Olivenöl
- 1 TL Fenchelsamen
- Meersalz
- Pfeffer

Zubereitung:

1. Waschen Sie den Kürbis ab und schälen Sie ihn • Entkernen Sie den Kürbis und schneiden Sie das Fruchtfleisch in kleine Würfel • Waschen Sie den Spinat ab und lassen Sie ihn abtropfen.
2. Hacken Sie die Walnüsse • Zerstoßen Sie die Fenchelsamen im Mörser • Rösten Sie die Walnüsse, Pinienkerne und die Fenchelsamen in einer Pfanne ohne Öl an, nehmen Sie dann alles heraus und stellen Sie die Kerne beiseite
3. Geben Sie Olivenöl in die bereits heiße Pfanne hinein und braten Sie den Kürbis rundum an bis er gar ist • Richten Sie die Spinatblätter auf einem Teller an • Würzen Sie den Kürbis mit Salz und Pfeffer, geben Sie dann die Nussmischung und rühren Sie alles durch • Geben Sie dann den gerösteten Kürbis auf den Spinat.

79. Gedämpftes Gemüse mit Soße

Portion: 4
Zubereitung: ca. 30 Min.
Nährwerte: 82 kcal / Fett 4g / KH 7g / EW 4g

Zutaten:

- 200 g Blumenkohl
- 250 g Rosenkohl
- 200 g Brokkoli
- 4 Knoblauchzehen
- 6 EL Sojasauce
- 3 EL Honig
- 1 Limette
- 3 EL Sesam
- 3 TL Sesamöl

Zubereitung:

1. Waschen Sie den Brokkoli und den Blumenkohl und teilen Sie beide in kleine Röschen • Schneiden Sie sie in dünne Scheiben, legen Sie sie anschließend auf einen Dämpfeinsatz aus • Schälen Sie den Rosenkohl und legen Sie ihn mit den Blumenkohl- und Brokkoli-Röschen zusammen auf den Dämpfeinsatz • Dämpfen Sie alles ca. 10 Minuten im geschlossenen Topf.

2. Rösten Sie den Sesam in einer beschichteten Pfanne ohne Fett hellbraun an • Schälen Sie den Knoblauch und schneiden Sie ihn in feine Scheiben • Erhitzen Sie

Olivenöl in deinem Topf, braten Sie den Knoblauch darin leicht an, geben Sie Sojasauce und Honig dazu und lassen Sie es leicht einkochen • Vermischen Sie den Saft von der Limette mit dem Sesamöl und geben Sie ihn dazu • Verrühren Sie alles, lassen Sie alles kurz aufkochen und schmecken Sie es ab.

3. Nehmen Sie das Gemüse aus dem Dämpfer, geben Sie die Sauce darüber und bestreuen Sie alles mit Sesam.

80. Pilzpfanne

Portion: 2
Zubereitung: ca. 20 Min.
Nährwerte: 89 kcal / Fett 6g / KH 3g / EW 5g

Zutaten:

- 500g Pfifferlinge
- 1 rote Chilischote
- 3 Schalotten
- 1 kleines Bund Petersilie
- Ingwer
- Knoblauch
- Muskat
- 1 EL Olivenöl
- Pfeffer
- Salz

Zubereitung:

1. Putzen Sie die Pfifferlinge • Schneiden Sie die Schalotten und den Ingwer in kleine dünne Scheiben • Schneiden Sie die Chilischoten in kleine Ringe und hacken Sie die Petersilie klein.

2. Geben Sie das Olivenöl in die Pfanne, braten Sie die Schalotten ein paar Sekunden an und geben Sie gleich die Pfifferlinge dazu • Geben Sie nun die Chilischoten und den Ingwer dazu • Geben Sie den Knoblauch mit einer Knoblauchpresse in die Pfanne • Reiben Sie die frische Musaktnuss darüber und schmecken Sie es mit Salz und Pfeffer ab.

3. Geben Sie jetzt die gehackte Petersilie dazu.

81. Möhren-Gemüsefrikadellen mit Brokkoli

Portion: 4
Zubereitung: ca. 30 Min. + 60 Min.
Nährwerte: 104 kcal / Fett 5g / KH 10g / EW 4g

Zutaten:

- ¼ Sellerieknolle
- 1 Möhre
- ½ Kohlrabi
- 200 g Brokkoli
- 50 g Mais
- 5 EL Dinkelmehl
- 60 g Leinsamen
- 1 EL Senf
- 1 EL Sonnenblumenöl
- Pfeffer
- Salz

Zubereitung:

1. Schälen Sie den Sellerie, die Möhre und den Kohlrabi und raspeln Sie alles klein • Geben Sie das kleingeraspelte Gemüse zusammen mit dem Mais in eine Schüssel • Geben Sie Dinkelmehl, Leinsamen und Senf dazu • Schmecken Sie es mit Salz und Pfeffer ab • Lassen Sie alles ca. 60 min. durchziehen.

2. Erhitzen Sie das Öl in der Pfanne und braten Sie darin die geformten Frikadellen von beiden Seiten bei mittlerer Hitze ca. 15 min goldbraun • Waschen Sie in der Zwischenzeit den Brokkoli und schneiden Sie die Röschen vom Stiel, dämpfen Sie alles für 10 Minuten.

82. Weißkohl mit Ananas

Portion: 2
Zubereitung: ca. 45 Min.
Nährwerte: 115 kcal / Fett 4g / KH 14g / EW 5g

Zutaten:

- ½ Weißkohl
- ½ Ananas
- 1 rote Chilischote
- ½ Zwiebel
- 1 Bund Petersilie
- 1 Bund Koriander
- 1 Dose Tomaten
- 2 Knoblauchzehen
- 250 ml Gemüsefond
- 1 EL rote Currypaste
- Ingwer
- Muskatnuss
- Olivenöl
- Sesam
- Meersalz
- Pfeffer

Zubereitung:

1. Schälen Sie den Ingwer, die Zwiebel und den Knoblauch und hacken Sie alles fein • Hacken Sie den Koriander und die Petersilie fein und schneiden Sie die Chilischote in kleine Ringe.

2. Schneiden Sie den Weißkohl in kleine dünne Streifen • Schneiden Sie die Ananas in kleine Stücke.

3. Geben Sie Öl in einen Wok und braten Sie den Knoblauch, die Zwiebel, den Ingwer und die Chilischote darin an • Rühren Sie nun die Currypaste unter • Geben Sie den Weißkohl in die Mitte des Woks und braten Sie ihn gut an • Geben Sie die Dosentomaten in eine Schüssel und zerdrücken Sie sie leicht, geben Sie jetzt die Dosentomaten in den Wok.

4. Geben Sie das Gemüsefond, die gehackte Petersilie und die Korianderstiele dazu und lassen Sie alles bei mittlerer Hitze 20 min. kochen • Würzen Sie alles mit Salz, Pfeffer und Muskatnuss • Geben Sie den Sesam in eine beschichtete Pfanne und rösten Sie ihn leicht an.

5. Servieren Sie den Weißkohl mit den leicht gehackten Korianderblättern und dem Sesam.

83. Champignon-Gemüsepfanne

Portion: 1
Zubereitung: ca. 20 Min.
Nährwerte: 220 kcal / Fett 10g / KH 21g / EW 10g

Zutaten:

- 6 frische Champignons
- 1 Karotte
- 1 Frühlingszwiebel
- 1 Zwiebel
- ½ rote Paprika
- ½ Salatgurke
- Frische grobe Petersilie
- 1 EL Olivenöl
- Pfeffer
- Salz

Zubereitung:

1. Schälen Sie die Karotte und schneiden Sie sie in kleine 3 cm lange Streifen • Schneiden Sie die Paprika in kleine Würfel • Schälen Sie die Gurke, vierteln Sie sie und entfernen Sie den Kern • Schneiden Sie die Champignons in feine Scheiben • Schneiden Sie die Frühlingszwiebel in schmale Ringen und hacken Sie die Zwiebel klein.

2. Erhitzen Sie das Öl in einer Pfanne und geben Sie die gehackten Zwiebeln hinein • Geben Sie dann nach und nach alle Zutaten dazu und schwitzen Sie sie für 5 Minuten an • Würzen Sie das Ganze mit Salz und Pfeffer.

84. Süßkartoffelpommes

Portion: 4
Zubereitung: ca. 35 Min.
Nährwerte: 126 kcal / Fett 3g / KH 23g / EW 1g

Zutaten:

- 500 g Süßkartoffel
- 1 EL Kartoffelstärke
- 3 EL Olivenöl
- 4 Stiele Rosmarin
- Paprikapulver
- Bambus Salz
- Pfeffer

Zubereitung:

1. Schälen Sie die Kartoffeln und schneiden Sie sie in Stifte • Hacken Sie den Rosmarin klein • Vermischen Sie das Paprika- und Stärkepulver in einer Schüssel und wenden Sie die Süßkartoffeln nach und nach darin • Legen Sie die Stifte auf ein mit Backpapier ausgelegtes Blech, beträufeln Sie sie mit Olivenöl und verteilen Sie den Rosmarin darüber.

2. Backen Sie die Süßkartoffeln im vorheizten Backofen bei 200 °C für 25 Minuten, wenden Sie sie zwischendurch • Salzen und Pfeffern Sie die Süßkartoffeln.

Rezepte für das Abendessen

85. Sellerie-Suppe mit Hähnchenbrust-Klöße

Portion: 2
Zubereitung: ca. 60 Min.
Nährwerte: 313 kcal / Fett 9g / KH 11g / EW 45g

Zutaten:

- 300 g Hähnchenbrustfilet
- 1 Low Carb Brötchen
- ½ TL Dijon-Senf
- 200 g Knollensellerie
- 150 g Lauch
- 4 Dillstängel
- 1 Zwiebel
- 1Karotte
- 100 ml Wasser
- 500 ml Gemüsefond
- 2 EL Olivenöl
- Salz
- Pfeffer

Zubereitung:

1. Waschen Sie die Hähnchenbrustfilets und schneiden Sie sie in Stücke • Geben Sie die Filetstücke in die Moulinette und zerkleinern Sie sie zu Hackfleisch.

2. Zerkleinern Sie die Brötchen, lassen Sie sie in Wasser aufweichen und drücken Sie anschließend die Flüssigkeit wieder heraus • Kneten Sie das Hackfleisch, die Brötchen, Senf, Salz und Pfeffer in einer Schüssel durch und formen Sie kleine Klößchen.

3. Schälen Sie den Knollensellerie und die Karotte und schneiden Sie sie klein • Putzen Sie den Lauch und schneiden Sie ihn in Ringe • Hacken Sie den Dill klein.

4. Geben Sie Öl in einen großen Topf und braten Sie den Lauch an • Geben Sie den Sellerie und die Karotte dazu und braten Sie sie mit an • Gießen Sie den Gemüse-Fond hinein und rühren Sie alles um.

5. Kochen Sie in einem zweiten Topf Wasser mit Salz auf und geben Sie die Klöße hinein • Nehmen Sie die Klöße heraus, sobald sie oben schwimmen und geben Sie sie zur Suppe.

6. Halbieren Sie die Zwiebel ungeschält und geben Sie sie zur Suppe • Füllen Sie die Suppe mit Wasser auf und kochen Sie sie für 20 Minuten • Bestreuen Sie die Suppe mit Dill.

86. Chicken-Wings mit Lemongras

Portion: 4
Zubereitung: ca. 50 Min.
Nährwerte: 540 kcal / Fett 32g / KH 15g / EW 44g

Zutaten:

- 20 Chicken Wings
- 2 Stangen Lemon-gras
- 2 Frühlingszwiebeln
- 2 Knoblauchzehen
- 1 Limette
- 1 Chilischote
- 30 g Honig
- 150 ml warmes Wasser
- 5 EL Sojasauce
- 1 EL Kokosöl
- 1 EL Paprikapulver
- Meersalz
- Pfeffer

Zubereitung:

1. Waschen Sie die Chicken Wings ab • Zerstoßen Sie das Paprikapulver, Salz und Pfeffer im Mörser, Würzen Sie die Chicken Wings damit und garen Sie sie für 30 Minuten im vorgeheizten Backofen bei 180 °C vor.

2. Schälen Sie den Knoblauch • Putzen Sie die Frühlingszwiebeln und schneiden Sie sie in breite Ringe • Pressen Sie die Limette aus • Schneiden Sie die Chilischote in dünne Ringe.

3. Lösen Sie den Honig im Wasser auf und geben Sie Sojasauce dazu • Erhitzen Sie Kokosöl im Wok und braten Sie die Zwiebeln und den Knoblauch darin an • Geben Sie die Chicken Wings dazu.

4. Geben Sie das Lemongras, die Chilischote, den Limettensaft und das Honig-Soja-Wasser in den Wok und rühren Sie alles durch.

87. Würzige Champignons-Hähnchen-Spieße

Portion: 4
Zubereitung: ca. 35 Min.
Nährwerte: 167 kcal / Fett 3g / KH 2g / EW 32g

Zutaten:

- 400 g Hähnchenbrust
- 25 braue Champignons
- 15 Pimientos
- 1 TL Kurkuma
- 2 TL Curry
- 1 TL Chiliflocken
- Meersalz
- Pfeffer

Zubereitung:

1. Schneiden Sie die Hähnchenbrust in gleichmäßige Würfel • Putzen Sie die Champignons und schneiden Sie die Stiele kurz ab.

2. Stecken Sie das Fleisch, Pimientos und Champignons abwechselnd auf die Spieße • Geben Sie die Gewürze in eine Schüssel geben vermischen Sie sie.

3. Geben Sie die Gewürzmischung auf einen großen Teller und wenden Sie die Spieße darin • Legen Sie die Spieße auf den Grill oder in die Grillpfanne und garen Sie sie.

88. Pfifferling-Pfanne mit Hähnchenschenkel

Portion: 2
Zubereitung: ca. 45 Min.
Nährwerte: 361 kcal / Fett 19g / KH 2g / EW 43g

Zutaten:

- 400 g Hähnchen-schenkel
- 150 g Pfifferlinge
- 100 g Champignons
- 1 Schalotte
- ½ Bund Thymian
- Meersalz
- Pfeffer
- 2 EL Olivenöl

Zubereitung:

1. Waschen Sie die Hähnchenschenkel unter warmen Wasser ab • Schälen Sie die Schalotte und würfeln Sie sie • Streifen Sie die Thymianblätter vom Stiel ab.

2. Erhitzen Sie in einer großen Pfanne 1 EL Olivenöl und braten Sie die Hähnchenschenkel von allen Seiten scharf an • Bestreuen Sie die Hähnchenschenkel mit Thymian und backen Sie sie im vorgeheizten Backofen bei 140°C für etwa 35 Minuten.

3. Putzen Sie die Pilze • Lassen Sie in einer zweiten Pfanne 1 EL Olivenöl heiß werden und braten Sie die Schalotte darin an • Geben Sie die Pilze dazu und braten Sie sie kurz an • Schmecken Sie die Pilzpfanne mit Salz und Pfeffer ab und geben Sie sie dann zum Hähnchen dazu.

89. Grillspieße mit Romana Salatherzen

Portion: 4
Zubereitung: ca.80 Min. + 40 Min.
Nährwerte: 351 kcal / Fett 25g / KH 5g / EW 24g

Zutaten:

- 600 g Hähnchen-fleisch
- 2 Knoblauchzehen
- Kurkuma
- Chiliflocken
- Meersalz
- Bunter Pfeffer
- 4 EL Olivenöl
- 2 Romana Salatherzen
- 1 rote Zwiebel
- 150 g Cherry-Tomaten
- 50 g Rucola

Zubereitung:

1. Schneiden Sie das Fleisch in Stücke • Schälen Sie den Knoblauch und hacken Sie ihn fein • Geben Sie die Kräuter, den Knoblauch und das Olivenöl in eine Schüssel und verrühren Sie alles • Marinieren Sie das Fleisch darin und lassen Sie es abgedeckt im Kühlschrank für 90 min. ziehen.

2. Waschen Sie den Rucola und die Salatherzen und zupfen Sie sie in mundgerechte Stücke • Schälen Sie die Zwiebel und schneiden Sie sie in dünne Ringe • Waschen Sie die Tomaten ab und halbieren Sie sie.

3. Geben Sie den Salat und das Gemüse in eine Schüssel, geben Sie Olivenöl und Meersalz dazu und verrühren Sie alles.

4. Stecken Sie das Fleisch auf Holzspieße und grillen Sie sie • Verteilen Sie den Salat auf vier Teller, legen Sie die Spieße dazu.

90. Brathähnchen mit Weißweinsauce

Portion: 2
Zubereitung: ca.60 Min.
Nährwerte: 745 kcal / Fett 51g / KH 6g / EW 60g

Zutaten:

- 500 g Maishähnchenbrust
- 3 Schalotten
- 500 g Champignons
- 100 ml Weißwein
- 450 ml Geflügel Fond
- 7 Stiele Thymian
- 1 Zitrone
- Salz
- Pfeffer
- Muskat
- 2 EL Butter
- 3 EL Olivenöl

Zubereitung:

1. Waschen Sie das Maishähnchenbrust, tupfen Sie es trocken und würzen Sie alles mit Salz und Pfeffer • Geben Sie Öl in einen Bräter oder großen Topf und braten Sie die Hähnchenbrust von allen Seiten an.

2. Schälen Sie die Schalotten und schneiden Sie sie in feine Würfel • Nehmen Sie die Maishähnchenbrust aus dem Bräter und braten Sie die Schalottenwürfel darin

an • Löschen Sie sie mit Weißwein ab und kochen Sie sie.

3. Geben Sie die Maishähnchenbrust und Thymian dazu • Füllen Sie alles mit 300 ml Gemüsefond auf und braten Sie das Hähnchen für 40 Minuten im vorgeheizten Backofen bei 180°C.

4. Vierteln Sie die Champignons und braten Sie sie in einer beschichteten Pfanne goldbraun an • Würzen Sie alles mit Salz und Pfeffer • Geben Sie sie nach 25 Minuten mit in den Bräter geben und füllen Sie alles mit dem restlichen Gemüsefond auf und garen Sie es für weitere 15 Minuten darin.

5. Rühren Sie 5 Minuten vor Schluss die Butter unter und schmecken Sie alles mit Zitronensaft, Muskat, Salz und Pfeffer ab.

91. Hähnchenbrust in Avocado-Schiffchen

Portion: 2
Zubereitung: ca.3 Min.
Nährwerte: 661 kcal / Fett 42g / KH 17g / EW 49g

Zutaten:

- 400 g Hähnchen brustfilet
- 2 EL Olivenöl
- 2 Avocados
- 1 gelbe Paprika
- 10 Cherry-Tomaten
- 1 Knoblauchzehe
- 1 Avocado
- ½ Bund Koriander
- 1 Limette
- Salz
- Pfeffer

Zubereitung:

1. Geben Sie das Fruchtfleisch einer reifen Avocado in einem Mixbecher • Geben Sie 1 EL Olivenöl, 2 EL Limettensaft, gewaschenen Koriander und Knoblauch dazu und pürieren Sie alles mit dem Stabmixer • Schmecken Sie es mit Salz und Pfeffer ab.

2. Waschen Sie die Tomaten und halbieren Sie sie • Waschen Sie die Paprika und entfernen Sie die Kerne, schneiden Sie sie in kleine Würfel • Entfernen Sie das Fruchtfleisch der zweiten Avocado mit einem Esslöffel

und würfeln Sie es • Geben Sie alle Zutaten in eine Schüssel und würzen Sie alles mit Salz und Pfeffer.

3. Würzen Sie das Hähnchenbrustfilet mit Salz und Pfeffer und braten Sie es in einer beschichten Pfanne mit etwas Öl von beiden Seiten goldbraun an • Schneiden Sie danach die Hähnchenbrust in Streifen und vermischen Sie sie mit dem Salat.

4. Geben Sie den Salat und den Avocado-Dipp in die Avocado Schalen.

92. Fleischspieße mit Joghurt-Minz-Sauce

Portion: 2
Zubereitung: ca.25 Min.
Nährwerte: 395 kcal / Fett 16g / KH 8g / EW 52g

Zutaten:

- 400 g Hähnchen brustfilet
- 2 EL Olivenöl
- 180 g Joghurt
- 150 g Gurke
- 3 Knoblauchzehen
- 6 Stängel Petersilie
- 4 Stiele Schnittlauch
- 1 Zweig Minze
- Paprikagewürz
- Kurkuma
- Meersalz
- Pfeffer
- Saft einer halben Zitrone

Zubereitung:

1. Waschen Sie das Hähnchenbrustfilet und tupfen Sie es trocken •Schneiden Sie das Fleisch in gleichmäßig große Stücke und stecken Sie es auf Spieße.

2. Mischen Sie das Olivenöl, etwas Kurkuma, Paprikapulver, Salz und Pfeffer in einer Schüssel und pinseln Sie die Fleischspieße damit ein, lassen Sie es dann kurz ziehen.

3. Waschen Sie die Gurke und trocknen Sie sie, reiben Sie sie dann mit der Reibe fein • Waschen Sie die Kräuter und schütteln Sie sie trocken, zupfen Sie dann die Blätter ab und hacken Sie sie klein.

4. Schälen Sie den Knoblauch und drücken Sie ihn mit der Presse aus • Vermischen Sie Knoblauch, Joghurt, Gurke, Kräuter und Zitronensaft in einer Schüssel und schmecken Sie alles mit Salz und Pfeffer ab.

5. Erhitzen Sie die Grillpfanne und grillen Sie die Fleischspieße, wenden Sie die Spieße, sobald Röststreifen erkennbar sind.

93. Hähnchen mit Gurkensalat

Portion: 4
Zubereitung: ca.45 Min.
Nährwerte: 467 kcal / Fett 33g / KH 5g / EW 34g

Zutaten:

- 7 Hähnchen unterschenkel
- 1 Salatgurke
- 2 Zitronen
- 100 g Sojajoghurt
- 4 Zehen Knoblauch
- Muskat
- Pfeffer
- Salz
- Paprikapulver
- 7 EL Olivenöl

Zubereitung:

1. Vermischen Sie Olivenöl mit Paprikapulver, Salz, Pfeffer und Muskat • Schälen Sie den Knoblauch, pressen Sie ihn aus und rühren Sie ihn unter.

2. Lösen Sie vorsichtig die Haut der Hähnchenunterschenkel und bestreichen Sie das Fleisch mit der Würzmischung, legen Sie dann die Hähnchenschenkel darin ein und lassen Sie alles etwa 10 Minuten ziehen.

3. Heizen Sie den Backofen auf 250°C Grillstufe vor • Geben Sie die Hähnchenunterschenkel in eine große Auflaufform und grillen Sie sie im vorgeheizten Backofen für etwa 25 Minuten.

4. Waschen Sie die Gurke und schneiden Sie sie klein • Reiben Sie die Zitrone ab und pressen Sie den Saft aus • Geben Sie den Sojajoghurt mit 2 EL Zitronensaft, 1 EL Zitronenabrieb, 1 EL Olivenöl, Salz, Pfeffer und Muskat in eine große Schüssel und heben Sie anschließend die Gurkenstückchen unter.

5. Richten Sie die Hähnchenschenkel mit dem Gurkensalat und der restlichen Zitrone auf 4 Tellern an.

94. Indische Hähnchenbrustfilets

Portion: 4
Zubereitung: ca.60 Min. + 80 Min.
Nährwerte: 416 kcal / Fett 24g / KH 8g / EW 39g

Zutaten:

- 500 g Hähnchen brustfilets
- ½ Bund Koriander
- 5 Knoblauchzehen
- 150 ml Joghurt
- 1 Zwiebel
- 400 g Tomaten
- 1 EL frischen Zitronensaft
- 4 cm Ingwerwurzel
- 1 TL Garam Masala
- Tandoori Spice Rub
- 1 TL Paprikapulver
- 1 TL Curry
- 1 EL Garam Masala
- 1 Chilischote
- 150 ml Gemüsefond
- 250 ml Sahne
- 2 EL gemahlene Mandeln
- Meersalz
- Pfeffer
- 2 EL Kokosöl

Zubereitung:

1. Waschen Sie das Hähnchenbrustfilet und schneiden Sie es in große Würfel • Schälen Sie den Knoblauch und Ingwer und hacken Sie ihn fein • Waschen Sie den Koriander trocknen Sie ihn und hacken Sie ihn klein.

2. Verrühren Sie in einer großen Schüssel Garam Masala, Tandori Spice Rub, Paprika, Curry, Ingwer, Knoblauch,

Zitronensaft, Joghurt, Salz und Pfeffer • Vermischen Sie die Hähnchenbrust mit der Marinade und lassen Sie sie etwa 3 Stunden, am besten über Nacht im Kühlschrank ziehen.

3. Heizen Sie den Backofen auf 250°C vor • Legen Sie die Hähnchenbrust auf die Roste, und grillen Sie das Fleisch für etwa 20 Minuten.

4. Waschen Sie die Tomaten, schneiden Sie auf den Unterseiten ein Kreuz ein und geben Sie sie anschließend für etwa 30 Sekunden in kochendes Wasser.

5. Holen Sie sie mit der Schaumkelle heraus und schrecken Sie sie in einer Schüssel mit kaltem Wasser ab • Holen Sie die Tomaten wieder aus dem Wasser und ziehen Sie die Haut vorsichtig ab, stückeln Sie dann die Tomaten.

6. Schälen Sie den Knoblauch und die Zwiebel und schneiden Sie sie in feine Würfel • Waschen Sie die Chilischoten und schneiden Sie sie in dünne Ringe • Braten Sie in einem Bräter die Zwiebel, Chilischote und den Knoblauch in Öl an.

7. Geben Sie die Tomaten und den Gemüsefond hinzu und kochen Sie alles für etwa 30 Minuten ein, bis eine dickflüssige Masse daraus geworden ist • Geben Sie Garam Masala, Curry, Sahne, gemahlene Mandeln, Salz und Pfeffer dazu.

8. Geben Sie die marinierte Hähnchenbrust hinzu und kochen Sie sie für etwa 10 Minuten bei geringer Hitze.

95. Mariniertes Hähnchenbrustfilet mit Salat

Portion: 2
Zubereitung: ca.35 Min.
Nährwerte: 519 kcal / Fett 28g / KH 12g / EW 51g

Zutaten:

- 300 g Hähnchen-brustfilet
- 2 TL Kreuzkümmel
- 1 TL Koriander, gemahlen
- 1 TL Paprika
- ½ TL Oregano
- 3 EL Olivenöl
- 1 Avocado
- 70 g weiße Bohnen (Dose)
- 2 Frühlingszwiebeln
- 1 rote Paprika
- ½ Bund Koriander
- Prise Meersalz
- Schwarzer Pfeffer

Zubereitung:

1. Mischen Sie alle Gewürze mit 1 Esslöffel Olivenöl in einer Schüssel • Waschen Sie das Hähnchenbrustfilet ab und marinieren Sie es dann in der Gewürzmischung.

2. Halbieren Sie die Avocado und würfeln Sie sie • Gießen Sie die weißen Bohnen ab und lassen Sie sie abtropfen • Waschen Sie die Paprika, entfernen Sie die Kerne und

schneiden Sie sie in kleine Würfel • Waschen Sie die Frühlingszwiebel ab und schneiden Sie sie in feine Ringe • Zupfen Sie die Korianderblätter vom Stiel und hacken Sie sie fein • Vermengen Sie alles in eine Schüssel mit dem Öl, und schmecken Sie es mit Salz und Pfeffer ab.

3. Geben Sie Öl in eine beschichtete Pfanne und braten Sie die Hähnchenbrustfilets darin von jeder Seite etwa 5 Minuten an.

4. Verteilen Sie den Salat auf zwei Tellern, geben Sie die Hähnchenbrustfiles dazu und bestreuen Sie sie mit Koriander.

96. Hähnchen-Gemüse-Pfanne mit Nudelsalat

Portion: 4
Zubereitung: ca. 60 Min.
Nährwerte: 540 kcal / Fett 14g / KH 20g / EW 80g

Zutaten:

- 200 g Low Carb Fusilli
- 1 Möhre
- 1 Tasse TK-Erbsen
- 1 rote Paprika
- 1 Lauchzwiebel
- ½ Zitrone
- ¼ Gurke
- ½ Bund glatte Petersilie
- 1 Handvoll Rucola
- 1 TL Honig
- 150 g Schmand
- 200 g Sojajoghurt
- 600 g frische Hähnchenbrust
- ½ Zwiebel
- 1 Knoblauchzehe
- Meersalz
- Pfeffer
- 2 EL Olivenöl

Zubereitung:

1. Schälen Sie die Möhre und schneiden Sie sie in ca. 2 cm dünne Stifte • Kochen Sie die Low Carb Fussili nach Packungsanweisung • Geben Sie kurz vor Ende der Garzeit zu den Fussili die Möhrenstücke und Erbsen dazu • Gießen Sie anschließend alles in ein Sieb ab und schrecken Sie sie kalt ab.

2. Putzen Sie die Paprika und schneiden Sie sie in kleine Stücke • Putzen Sie die Lauchzwiebel und schneiden Sie sie in dünne Ringe • Schälen Sie die Gurke und schneiden Sie sie in Würfel • Waschen Sie die Petersilie und hacken Sie sie klein • Geben Sie alles zu den Nudeln.

3. Geben Sie Schmand, Joghurt, abgekühltes Nudelwasser, etwas Zitronenschalenabrieb, Honig und 3 EL Zitronensaft in eine Schüssel und verrühren Sie alles • Würzen Sie alles mit Salz und Pfeffer, geben Sie es zur Nudel-Gemüse-Mischung und stellen Sie es für einige Stunden in den Kühlschrank.

4. Waschen Sie die Hähnchenbrust und schneiden Sie sie in ca. 2 cm große Würfel • Geben sie Olivenöl, Salz, Pfeffer und Fleischwürfel in eine Schüssel • Schälen Sie den Knoblauch, geben Sie ihn mit einer Knoblauchpresse zum Fleisch und verrühren Sie alles

5. Putzen Sie die Paprika und die Zwiebel und schneiden Sie sie in etwa so große Stücke wie die Geflügelwürfel • Geben Sie das Gemüse und das Fleisch in eine heiße Pfanne mit etwas Olivenöl und braten Sie alles an.

6. Waschen Sie den Rucola, trockenen Sie ihn mit einer Salatschleuder und legen Sie ihn auf die Teller • Verteilen Sie den Nudelsalat darauf und legen Sie die Hähnchen-Gemüsepfanne daneben.

97. Chili-Hähnchen mit Eisbergsalat

Portion: 2
Zubereitung: ca.15 Min.
Nährwerte: 294 kcal / Fett 6g / KH 9g / EW 49g

Zutaten:

- 300 g Hähnchen-brustfilet
- 2 Tomaten
- ¼ Gurke
- 1 Handvoll Eisbergsalat
- 1 Paprika
- 1 Chilischote
- Balsamico Creme
- 2 EL Olivenöl
- 1 EL Sonnenblumenöl
- Pfeffer
- Meersalz

Zubereitung:

1. Waschen Sie den Eisbergsalat, die Tomate, Gurke und Paprika und schneiden Sie alles klein. Verfeinern Sie sie dann mit Olivenöl, Pfeffer & Salz. Geben Sie sie auf einen Teller und geben Sie ein wenig Balsamico Creme dazu.

2. Waschen Sie das Hähnchenbrustfilet und schneiden Sie es in dünne Stücke. Erhitzen Sie Sonnenblumenöl in einer Pfanne. Würzen Sie dann das Hähnchenbrustfilet mit Pfeffer und Salz und braten Sie es von beiden Seiten zusammen mit der Chilischote ca. 5 min. an.

3. Geben Sie es zum Salat.

Fleischgerichte

98. Entrecôte Steak mit Knoblauch

Portion: 2
Zubereitung: ca. 25 Min.
Nährwerte: 1252 kcal / Fett 98g / KH 1g / EW 82g

Zutaten:

- 400 g Entrecôte Steak
- 70 g Butter
- 1 Knoblauchknolle
- 2 EL Olivenöl
- 2 Stiele Thymian
- Meersalz
- Pfeffer

Zubereitung:

1. Waschen Sie das Fleisch ab und salzen Sie es • Erhitzen Sie Öl und Butter in einer beschichteten Pfanne • Halbieren Sie die Knoblauchknolle quer und geben Sie sie mit Thymian zusammen in die Pfanne.

2. Braten Sie das Fleisch von jeder Seite etwa 6 Minuten lang an • Wenden Sie das Steak mehrmals.

3. Nehmen Sie das Fleisch aus der Pfanne und lassen Sie es im Ofen bei 50°C für 8 Minuten ruhen.

99. Weißkohl-Eintopfmit Chorizo

Portion: 4
Zubereitung: ca. 45 Min.
Nährwerte: 906 kcal / Fett 56g / KH 49g / EW 45g

Zutaten:

- 1 kg Weißkohlkopf
- 1 Zwiebel
- 1 Möhre
- 150 g Chorizo
- 700 ml Gemüse brühe
- ½ Bund Petersilie
- 1 TL Kümmel
- Meersalz
- Pfeffer
- 1 EL Olivenöl

Zubereitung:

1. Putzen Sie den Weißkohl und schneiden Sie ihn klein • Schälen Sie die Möhre und reiben Sie sie in dünne Stifte • Schälen Sie die Zwiebel und hacken Sie ihn fein.

2. Erhitzen Sie Olivenöl in einem großen Topf und schwitzen Sie die Zwiebelstücke an • Geben Sie den Weißkohl hinzu und braten Sie ihn mit an, löschen Sie ihn dann mit etwas Brühe ab.

3. Geben Sie die Möhre, Kümmel und etwas Salz dazu und füllen Sie alles mit der restlichen Brühe auf • Schneiden Sie den Chorizo in dünne Scheiben und geben Sie ihn

dazu • Lassen Sie den Eintopf bei mittlerer Hitze für 15 Minuten kochen.

4. Waschen Sie die Petersilie und hacken Sie sie fein • Füllen Sie den Eintopf in Schüsseln füllen und geben Sie die Petersilie dazu.

100. Gebratenes Rinderfilet mit Gemüse aus der Pfanne

Portion: 1
Zubereitung: ca. 20 Min.
Nährwerte: 362 kcal / Fett 23g / KH 7g / EW 29g

Zutaten:

- 150 g Rinderfilet
- 80 g Brokkoli
- 30 g Paprika
- ½ rote Zwiebel
- 2 Knoblauchzehen
- 1 Stängel Basilikum
- 1 Zweig Rosmarin
- 3 EL Olivenöl
- Meersalz
- Pfeffer

Zubereitung:

1. Waschen Sie die Paprika und schneiden Sie sie in Streifen • Schälen Sie die Zwiebel und schneiden Sie sie in Ringe • Schälen Sie den Knoblauch und hacken Sie ihn fein • Waschen Sie die Kräuter und schütteln Sie sie trocken, zupfen Sie die Basilikumblätter ab und hacken Sie sie fein.

2. Waschen Sie den Brokkoli und schneiden Sie die Röschen vom Stiel • Geben Sie den Brokkoli in einen Topf mit wenig Wasser, bringen Sie das Wasser zum Kochen und garen Sie das Gemüse bei geschlossenem Deckel für 8 Minuten.

3. Waschen Sie das Rinderfilet und tupfen Sie es trocken• Erhitzen Sie das Öl in der Pfanne und geben Sie das Filet mit Rosmarin zusammen hinein • Braten Sie das Filet von jeder Seite für 5 Minuten an, salzen und pfeffern Sie es.

4. Geben Sie zur selben Zeit Paprika, Zwiebel und Knoblauch in die heiße Pfanne und würzen Sie alles mit Salz und Pfeffer • Richten Sie den Brokkoli, das Pfannengemüse und Rinderfilet auf einem Teller an • Geben Sie das Basilikum über das Fleisch.

101. Rindergulasch mit Pastinaken

Portion: 4
Zubereitung: ca. 170 Min.
Nährwerte: 324 kcal / Fett 11g / KH 19g / EW 35g

Zutaten:

- 500 g Rindergulasch
- 250 g Kartotten
- 300 g Pastinaken
- 2 Zwiebeln
- 1 Knoblauchzehe
- 2 Zweige Thymian
- 1 Zweig Rosmarin
- 650 ml Gemüsefond
- 100 ml Rotwein
- 30 g Tomatenmark
- 2 EL Olivenöl
- 2 Lorbeerblätter
- Ras el hanout
- Pfeffer
- Meersalz

Zubereitung:

1. Schneiden Sie das Fleisch in Stücke • Schälen Sie die Zwiebeln und halbieren Sie sie • Schälen Sie den Knoblauch und schneiden Sie ihn in dünne Scheiben • Waschen Sie die Kräuter und schütteln Sie sie trocken.

2. Erhitzen Sie Öl in einem großen Topf und schmoren Sie das Fleisch rundum an • Geben Sie Tomatenmark dazu und braten Sie es mit an • Geben Sie Zwiebeln und

Knoblauch dazu und braten Sie sie mit an • Löschen Sie alles mit Rotwein ab.

3. Geben Sie den Gemüsefond dazu und kochen Sie das Fleisch bei mittlerer Hitze etwa 90 Minuten • Geben Sie dann erst die Karotten und Pastinaken dazu.

4. Würzen Sie das Rindergulasch mit Ras el hanout, Salz und Pfeffer • Geben Sie Thymian, Rosmarin und Lorbeerblätter dazu und kochen Sie alles für weitere 30 Minuten.

102. Nudel-Tomaten-Suppe mit Hackbällchen

Portion: 6
Zubereitung: ca. 65 Min.
Nährwerte: 284 kcal / Fett 12g / KH 9g / EW 33g

Zutaten:

- 400 ml Passata
- 400 g frische Tomaten oder Tomatenstücke aus Der Dose
- 2 Schalotten
- 100 g Low Carb Nudeln
- 3 Selleriestangen
- 2 Knoblauchzehen
- 1 rote Chilischote
- 400 g Kalbshackfleisch
- 1 Ei
- 1 EL Joghurt
- 3 Stängel Petersilie
- 2 Zweige Thymian
- 2 EL Olivenöl
- Pfeffer
- Meersalz

Zubereitung:

1. Waschen Sie die Tomaten und schneiden Sie sie in Stücke • Schälen Sie die Schalotten und schneiden Sie sie in feine Würfel • Schneiden Sie die Selleriestangen in dünne Scheiben • Schälen Sie den Knoblauch und schneiden Sie ihn in feine Würfel • Hacken Sie die Chilischote klein.

2. Erhitzen Sie Olivenöl in einem großen Topf und schwitzen Sie Schalotten mit Knoblauch an • Geben Sie Sellerie und Tomaten dazu und erhitzen Sie es unter Rühren • Geben Sie die Chilischote und Passata hinein und lassen Sie alles aufkochen.

3. Waschen Sie die Kräuter und schütteln Sie sie trocken, zupfen Sie die Blätter ab und hacken Sie sie fein • Schlagen Sie das Ei in einer Schüssel auf und geben Sie Hackfleisch, Joghurt und Kräuter dazu • Geben Sie etwas Salz und Pfeffer dazu.

4. Formen Sie mit feuchten Händen kleine Bällchen aus der Hackfleischmischung • Erhitzen Sie Olivenöl in einer Pfanne und braten sie die Hackbällchen rundherum an.

5. Bereiten Sie die Low Carb Nudeln nach Anleitung zu, lassen Sie sie abtropfen • Geben Sie dann die Hackbällchen und die Nudeln zur Suppe.

103. Rosmarin-Rindersteak mit Blattsalat

Portion: 1
Zubereitung: ca. 30 Min.
Nährwerte: 566 kcal / Fett 37g / KH 9g / EW 45g

Zutaten:

- 200 g Rindersteak
- 40 g gemischter Blattsalat
- 4 Cherry-Tomaten
- 2 Radieschen
- 1 Möhre
- 4 Zweige Thymian
- 1 Zweig Rosmarin
- E EL Olivenöl
- Meersalz
- Pfeffer

Zubereitung:

1. Waschen Sie die Salatblätter und trocknen Sie sie in der Salatschleuder • Schälen Sie die Möhre und schneiden Sie sie mit dem Schäler in lange dünne Streifen • Putzen Sie die Radieschen und schneiden Sie sie in Scheiben • Waschen Sie die Tomaten und halbieren Sie sie.

2. Waschen Sie den Rosmarin und schütteln Sie ihn trocken •Waschen Sie das Rindersteak • Erhitzen Sie 2 EL Öl in der Pfanne • Geben Sie die Kräuterzweige und das Steak hinein und braten Sie das Fleisch von beiden Seiten kurz bei starker Hitze an.

3. Nehmen Sie das Steak dann aus der Pfanne, würzen Sie alles mit Salz und Pfeffer und lassen Sie alles kurz ruhen • Geben Sie zur selben Zeit die vorbereiteten Salatzutaten auf einen Teller und würzen Sie alles mit Salz und Pfeffer • Träufeln Sie 1 EL Olivenöl über den Salat • Schneiden Sie das Steak in Scheiben.

104. Kalbsspieße mit buntem Möhren-Gurken-Salat

Portion: 4
Zubereitung: ca. 45 Min.
Nährwerte: 458 kcal / Fett 32g / KH 9g / EW 30g

Zutaten:

- 500 g Kalbsfleisch
- 2 Paprikaschoten
- ½ rote Zwiebel
- 150 g grüne Oliven
- 100 g Cherry-Tomaten
- 3 EL Olivenöl
- Meersalz
- Pfeffer

Zubereitung:

1. Waschen Sie das Gemüse und lassen Sie es abtropfen • Halbieren Sie die Paprikaschoten und in schneiden Sie sie in 3 cm große Stücke • Schälen Sie die Zwiebel und vierteln Sie sie, legen Sie die einzelnen Schichten der Zwiebelstücke auf einen Teller • Waschen Sie das Fleisch und schneiden Sie es in 3 cm große Würfel.

2. Stecken Sie die Fleisch-, Paprika- und Zwiebelstücke abwechselnd auf die Grillspieße • Würzen Sie die Spieße mit Salz und Pfeffer und legen Sie sie auf den heißen Grill, drehen Sie sie mehrmals.

3. Schneiden Sie die Gurke mit dem Gemüsehobel oder Sparschäler in lange dünne Streifen • Halbieren Sie die Tomaten und geben Sie sie zusammen mit den Gurkenstreifen in eine Schüssel • Würzen Sie alles mit Salz und Pfeffer und beträufeln Sie es mit Olivenöl.

4. Nehmen Sie die Kalbsspieße vom Grill und servieren Sie sie zusammen mit Gurken-Tomaten-Salat und Oliven.

105. Schweinebauch mit Sauerkraut

Portion: 4
Zubereitung: ca. 110 Min.
Nährwerte: 610 kcal / Fett 48g / KH 14g / EW 26g

Zutaten:

- 400 g Sauerkraut
- 600 g Schweinebauch
- 4 Zwiebeln
- 3 TL Dijon-Senf
- Piment, ganz
- Nelken
- 1 TL Kümmel
- 2 Lorbeerblätter
- 550 ml Fleischfond
- Meersalz
- Pfeffer
- 3 EL Olivenöl

Zubereitung:

1. Waschen Sie den Schweinebauch waschen und schneiden Sie ihn in Scheiben • Würzen Sie sie mit Salz und Pfeffer und bestreichen Sie sie mit Senf • Erhitzen Sie das Öl in der Pfanne und braten Sie die Scheiben von beiden Seiten an.

2. Schneiden Sie die Zwiebel in Ringe • Rösten Sie die Zwiebeln goldgelb in der Pfanne an • Geben Sie das Sauerkraut in einen Topf und verteilen Sie die Hälfte der Zwiebeln darauf • Geben Sie den Kümmel, Lorbeerblätter,

Nelken und Piment dazu und geben Sie zum Schluss den Schweinebauch mit den restlichen Zwiebeln darauf.

3. Geben Sie den Fleischfond dazu und kochen Sie das Ganze bei geringer Hitze.

4. Stecken Sie die Fleisch-, Paprika- und Zwiebelstücke abwechselnd auf die Grillspieße • Würzen Sie die Spieße mit Salz und Pfeffer und legen Sie sie auf den heißen Grill, drehen Sie sie mehrmals.

5. Schneiden Sie die Gurke mit dem Gemüsehobel oder Sparschäler in lange dünne Streifen • Halbieren Sie die Tomaten und geben Sie sie zusammen mit den Gurkenstreifen in eine Schüssel • Würzen Sie alles mit Salz und Pfeffer und beträufeln Sie es mit Olivenöl.

6. Nehmen Sie die Kalbsspieße vom Grill und servieren Sie sie zusammen mit Gurken-Tomaten-Salat und Oliven.

106. Gebratener Bacon mit Rosenkohl

Portion: 1
Zubereitung: ca. 25 Min.
Nährwerte: 517 kcal / Fett 45g / KH 4g / EW 20g

Zutaten:

- 100 g Rosenkohl
- 250 g Bacon
- Saft einer halben Zitrone
- 1 EL Olivenöl
- 30 g Butter
- 1 TL Zitronenzesten, frisch gerieben
- 20 g Parmesan
- Meersalz
- Pfeffer

Zubereitung:

1. Entfernen Sie die welken Blätter vom Rosenkohl und geben Sie die Röschen dann in einen Topf mit Dämpfeinsatz • Bringen Sie das Wasser im Topf zum Kochen und garen Sie den Rosenkohl ca. 6 Minuten im Dampf.

2. Schneiden Sie den Bacon in Würfel • Erhitzen Sie das Öl und die Butter in der Pfanne und braten Sie den Bacon mit Rosenkohl für wenige Minuten rundum an • Geben Sie Zitronensaft und -zesten dazu und würzen Sie alles mit Salz und Pfeffer.

3. Bestreuen Sie das Gericht mit frisch geriebenen Parmesan.

107. Rindersteak mit Barbecue-Sauce und Salat

Portion: 1
Zubereitung: ca. 25 Min.
Nährwerte: 1020 kcal / Fett 92g / KH 6g / EW 34g

Zutaten:

- 200 g Rindersteak
- 100 g Feldsalat
- 2 Knoblauchzehen
- 1 Zweig Rosmarin
- 50 ml Olivenöl
- 2 EL Butter
- 2 EL Barbecue Sauce
- 1 TL Rosa Beeren
- Meersalz

Zubereitung:

1. Waschen Sie das Rindersteak und tupfen Sie es trocken• Waschen Sie die Salatblätter und trocknen Sie sie in der Salatschleuder • Waschen Sie den Rosmarin und schütteln Sie ihn trocken • Schälen Sie den Knoblauch und hacken Sie ihn klein.

2. Erhitzen Sie 1 EL Öl und die Butter in der Pfanne und braten Sie das Steak mit dem Rosmarin und Knoblauch an.

3. Erwärmen Sie die Barbecue Sauce in der heißen Pfanne kurz • Geben Sie dann die Sauce zum Steak • Zerkleinern Sie Rosa Beeren im Mörser, vermischen Sie es mit dem restlichen Öl und geben Sie es über das Fleisch und den Salat.

108. Überbackenes Kalbsschnitzel

Portion: 2
Zubereitung: ca. 35 Min.
Nährwerte: 614 kcal / Fett 40g / KH 3g / EW 56g

Zutaten:

- 300 g Kalbsschnitzel
- 250 g Tomaten
- 200 g Käse
- E EL Olivenöl
- Paprikapulver
- Muskat
- Meersalz
- Pfeffer

Zubereitung:

1. Waschen Sie das Schnitzel waschen und klopfen Sie es gleichmäßig dünn • Geben Sie Paprikapulver, frisch geriebene Muskatnuss, Salz und Pfeffer auf einem Teller und wenden Sie das Schnitzel darin.

2. Waschen Sie die Tomaten und schneiden Sie sie in Scheiben • Schneiden Sie den Käse in Scheiben • Erhitzen Sie das Öl in der Pfanne und braten Sie das Schnitzel etwa 2 Minuten lang an • Belegen Sie das Fleisch mit Tomaten und Käse.

3. Geben Sie das Schnitzel in der Pfanne auf die oberste Schiene im vorgeheizten Backofen und garen Sie es bei 200°C.

109. Hackfleisch-Patties mit Bacon und Bohnen

Portion: 2
Zubereitung: ca. 45 Min.
Nährwerte: 945 kcal / Fett 73g / KH 9g / EW 56g

Zutaten:

- 300 g Rinderhack-fleisch
- 250 g grüne Bohnen
- 1 Ei
- 6 Scheiben Bacon
- Ein paar Salatblätter
- 1 Tomate
- 1 rote Zwiebel
- 1 Schalotte
- 1 Avocado
- 1 Knoblauchzehe
- 12 Mandeln
- 3 EL Olivenöl
- Meersalz
- Pfeffer

Zubereitung:

1. Schälen Sie den Knoblauch und die Schalotte und schneiden Sie sie in feine Würfel • Erhitzen Sie das Öl in der Pfanne und braten Sie die Schalotte und Knoblauch goldbraun an • Vermengen Sie das Hackfleisch mit der Schalotte, dem Knoblauch und dem Ei in einer Schüssel und würzen Sie alles mit Salz und Pfeffer.

2. Formen Sie aus der Hackfleischmischung mit den Händen zwei Patties und braten Sie sie in der heißen Pfanne von

beiden Seiten scharf an • Garen Sie die Patties dann für 15 Minuten bei 175°C Umluft im Ofen weiter.

3. Putzen Sie zur selben Zeit die Bohnen und kochen Sie sie in einem Topf mit Wasser bedeckt für 10 Minuten • Braten Sie den Bacon in einer Pfanne knusprig an.

4. Waschen Sie die Salatblätter und schütteln Sie sie trocken • Waschen Sie die Tomate und schneiden Sie sie in Scheiben • Halbieren Sie die Avocado, entkernen Sie sie und lösen Sie das Fruchtfleisch aus der Schale.

5. Schneiden Sie sie in Scheiben • Hacken Sie die Mandeln klein • Schälen Sie die Zwiebel und schneiden Sie sie in Ringe.

6. Rösten Sie die Bohnen und Mandeln in der Pfanne kurz an und würzen Sie alles mit Salz und Pfeffer • Geben Sie die Bohnen mit den Mandeln auf zwei Teller • Geben Sie den Salat, die Tomate, Bacon und jeweils einen Pattie dazu • Servieren Sie Avocado und Zwiebelringe dazu.

110. Süße Entenpfanne

Portion: 2
Zubereitung: ca. 60 Min.
Nährwerte: 777 kcal / Fett 47g / KH 38g / EW 45g

Zutaten:

- 400 g Entenbrust-filets
- 4 kleine Möhren
- 5 Schalotten
- 3 Feigen
- 1 Apfel
- 200 ml Rotwein
- 3 EL Olivenöl
- 1 TL Xucker
- 1 Knoblauchzehe
- 5 Zweige Rosmarin
- 70 g Granatapfelkerne
- Sternanis
- Meersalt
- Pfeffer

Zubereitung:

1. Waschen Sie die Feigen und den Apfel ab und lassen Sie sie abtropfen • Halbieren Sie die Feigen und schneiden Sie den Apfel in Scheiben • Schälen Sie die Möhren und halbieren Sie sie längs • Schälen Sie den Knoblauch und die Schalotten und halbieren Sie sie • Waschen Sie den Rosmarin und schütteln Sie ihn trocken.

2. Schneiden Sie mit einem scharfen Messer die Haut der Entenbrüste rautenförmig ein und legen Sie diese auf der Hautseite in die Pfanne • Geben Sie Öl dazu und braten

Sie das Fleisch bei starker Hitze für 4 Minuten goldbraun an.

3. Geben Sie die Entenbrüste in eine Auflaufform, würzen Sie alles mit Salz und Pfeffer und belegen Sie sie mit Rosmarin • Garen Sie die Entenbrüste für 15 Minuten im Ofen weiter • Nehmen Sie das Fleisch dann aus dem Ofen.

4. Braten Sie zur selben Zeit Schalotten und Knoblauch in der gleichen Pfanne an • Geben Sie Xucker dazu • Geben Sie die Möhren, den Apfel und die Feigen dazu und braten Sie sie mit an.

5. Löschen Sie alles mit Wein ab und kochen Sie es mehrere Minuten bei starker Hitze • Würzen Sie alles mit Salz und Pfeffer.

6. Schneiden Sie die Entenbrüste in Scheiben und legen Sie sie auf das Gemüse • Lassen Sie das Fleisch für 3 Minuten in der Pfanne durchziehen • Servieren Sie alles zusammen mit den Granatapfelkernen.

Fischgerichte

111. Lachssteaks mit Honig-Soja-Marinade

Portion: 4
Zubereitung: ca. 30 Min.
Nährwerte: 525 kcal / Fett 34g / KH 3g / EW 48g

Zutaten:

- 600 g Lachssteaks
- 5 EL Sojasauce
- 1 EL Olivenöl
- 1 EL Sesamöl
- 2 EL Honig
- Saft einer Limette
- Meersalz
- Pfeffer

Zubereitung:

1. Waschen Sie die Lachssteaks und tupfen Sie sie mit einem Küchenkrepptuch trocken • Verrühren Sie die Sojasauce, Öle, Honig und Limettensaft in einer Schüssel zu einer Marinade und würzen Sie diese mit etwas Salz und Pfeffer.

2. Pinseln Sie die Lachssteaks mit der Marinade ein und grillen Sie sie auf dem Grill • Grillen Sie den Fisch auf jeder Seite für wenige Minuten bei hoher Hitze, nehmen Sie ihn dann aus der Grillzone und lassen Sie die Steaks für ein paar Minuten ziehen.

112. Thunfisch-Mango-Salat

Portion: 2
Zubereitung: ca. 15 Min.
Nährwerte: 657 kcal / Fett 49g / KH 10g / EW 39g

Zutaten:

- 200 g Thunfisch
- 1 Avocado
- 90 g Mango
- 1 Lauchzwiebel
- 3 EL Bio Sojasauce
- Saft einer Limette
- Sesam

Zubereitung:

1. Waschen Sie den Thunfisch und schneiden Sie ihn in kleine Würfel • Schneiden Sie das Mango-Fruchtfleisch in Würfel • Putzen Sie die Frühlingszwiebel und schneiden Sie sie in dünne Ringe.

2. Halbieren Sie die Avocado, entfernen Sie den Kern und lösen Sie das Fruchtfleisch mit einem Löffel heraus • Schneiden Sie die Avocado in Würfel und beträufeln Sie sie mit Limettensaft.

3. Geben Sie den Thunfisch, die Mango, Frühlingszwiebel, Avocado und Sojasauce in eine Schüssel und vermischen Sie alles • Geben Sie etwas Sesam, Salz und Pfeffer dazu.

113. Gebackene Lachsfilets mit Mandeln und Spinat

Portion: 2
Zubereitung: ca. 30 Min.
Nährwerte: 694 kcal / Fett 53g / KH 3g / EW 46g

Zutaten:

- 400 g Lachsfilets
- 25 g Mandeln
- 150 g Spinat
- 8 Cherry-Tomaten
- 1 Zitrone
- 2 EL Olivenöl
- Meersalz
- Pfeffer

Zubereitung:

1. Waschen Sie die Lachsfilets und tupfen Sie sie mit einem Küchenkrepptuch trocken • Erhitzen Sie 1 EL Öl und 1 TL Butter in einer Pfanne und braten Sie den Lachs kurz von allen Seiten an.

2. Geben Sie die Mandeln in die Moulinette und zerkleinern Sie sie • Vermengen Sie die Mandeln dann mit etwas Salz und 1 TL weicher Butter.

3. Geben Sie die Lachsfilets in eine Auflaufform und verteilen Sie die Mandelmischung auf dem Fisch • Backen Sie die Filets im vorgeheizten Backofen bei 165°C für 20 Minuten.

4. Waschen Sie den Spinat, entfernen Sie zu lange Stiele und trocknen Sie ihn in der Salatschleuder • Waschen Sie die Tomaten und lassen Sie sie abtropfen.

5. Schneiden Sie die Zitrone in Schiffchen • Richten Sie die Lachsfilets neben dem Salat und den Zitronen-Schiffchen auf Tellern an.

114. Gefüllte Grill- Dorade

Portion: 2
Zubereitung: ca. 50 Min.
Nährwerte: 378 kcal / Fett 19g / KH 18g / EW 31g

Zutaten:

- 600 g Doraden
- 2 Zitronen
- 2 Knoblauchzehen
- 1 Bund Zitronen-Thymian
- ½ Bund Dill
- 3 Feigen
- 2 TL Honig
- 3 TL Butter
- Salz
- Pfeffer

Zubereitung:

1. Waschen Sie die Doraden und lassen Sie sie abtropfen • Waschen Sie die Kräuter und trocknen Sie sie • Waschen und schneiden Sie die Zitronen in Scheiben • Schälen Sie den Knoblauch und schneiden Sie ihn in Scheiben.

2. Füllen Sie die Doraden mit Thymian, Dill, Knoblauch, Butter und ein paar Zitronenscheiben.

3. Legen Sie die Doraden in ein Fischgrillgitter und grillen Sie sie • Legen Sie die Feigen zum Ende hin ebenfalls kurz auf den Grill • Beträufeln Sie die Feigen mit Honig und nehmen Sie die Doraden vom Grillgitter.

115. Lachs in Rettich-Sauce

Portion: 2
Zubereitung: ca. 30 Min.
Nährwerte: 478 kcal / Fett 43g / KH 6g / EW 13g

Zutaten:

- 2 Stücke Lachs
- 1 Rettich
- 250 ml Sahne
- Xucker
- Meersalz
- Pfeffer
- Sonnenblumenöl zum Braten

Zubereitung:

1. Reiben Sie den Rettich fein und salzen Sie ihn • Waschen Sie den Lachs und trocknen Sie ihn, würzen Sie ihn dann mit Salz.
2. Schlagen Sie 150 ml Sahne steif und heben Sie sie unter den geriebenen Rettich • Schmecken Sie es dann mit Salz und Xucker ab • Geben Sie nun die restlichen 100 ml Sahne in einen Soßentopf und bringen Sie sie zum Kochen • Geben Sie das Rettich-Sahne-Gemisch dazu und lassen Sie alles aufkochen.
3. Geben Sie etwas Sonnenblumenöl in eine Pfanne und braten Sie darin den Lachs bei mittlerer Temperatur an. • Mixen Sie das Rettich-Gemisch solange mit dem Stabmixer, bis ein Schaum entsteht.
4. Geben Sie den Schaum zum Lachs auf einen Teller.

116. Garnelen an Zucchini-Nudeln

Portion: 2
Zubereitung: ca. 25 Min.
Nährwerte: 397 kcal / Fett 29g / KH 7g / EW 24g

Zutaten:

- 300 g Zucchini
- 250 g Garnelen
- Saft einer Zitrone
- 1 Schalotte
- 2 Knoblauchzehen
- 50 ml Weißwein
- 2 EL Olivenöl
- 1 EL Butter
- Salz
- Pfeffer

Zubereitung:

1. Waschen Sie die Zucchini, trocknen Sie sie und schneiden Sie sie mit dem Spiralschneider in lange dünne Nudeln • Schälen Sie den Knoblauch und die Schalotte und schneiden Sie sie in feine Würfel • Vermischen Sie Öl, Knoblauch, Salz und Pfeffer in einer Schüssel und marinieren Sie damit die Garnelen.

2. Erhitzen Sie die Butter in der Pfanne und braten Sie die Schalotte darin an • Geben Sie die Garnelen und restliche Marinade dazu und braten Sie alles für etwa 2 Minuten • Löschen Sie die Garnelen mit Weißwein ab • Geben Sie die Zucchininudeln in die Pfanne zu den Garnelen.

3. Geben Sie den Zitronensaft über die Zucchininudeln und würzen Sie alles mit Salz und Pfeffer • Richten Sie die Zucchininudeln mit Garnelen auf zwei Tellern an.

117. Fisch in Curry-Sauce

Portion: 4
Zubereitung: ca. 50 Min.
Nährwerte: 405 kcal / Fett 25g / KH 9g / EW 33g

Zutaten:

- 300 g Fisch
- 200 g Garnelen
- 300 ml Kokosmilch
- 200 ml Fischfond
- 1 Paprika
- 6 Champignons
- 3 cm frischen Ingwer
- 2 Knoblauchzehen
- 90 g Ananas
- 1 Chilischote
- 3 Stangen Zitronengras
- Saft einer Limette
- ½ Bund Koriander
- 2 EL Kokosöl
- 1 TL Xucker
- 2 TL Currypulver
- Salz
- Pfeffer

Zubereitung:

1. Schneiden Sie die Paprika in Würfel • Putzen Sie die Champignons und schneiden Sie sie klein • Schälen Sie den Knoblauch und Ingwer und hacken Sie sie fein • Schneiden Sie die Ananas in Stücke • Schneiden Sie die Chilischoten in kleine Stücke • Waschen Sie den Koriander und lassen Sie ihn abtropfen, zupfen Sie die Blätter vom Stiel.

2. Erhitzen Sie das Kokosöl in einem großen Topf und braten Sie den Fisch mit den Garnelen scharf an • Geben Sie die Paprika und Champignons in den heißen Topf und braten Sie sie kurz an • Gießen Sie alles mit Fischfond auf • Geben Sie Zitronengras, Ingwer, Knoblauch und Chilischote dazu.

3. Geben Sie Ananas, Currypulver und Limettensaft dazu und gießen Sie alles mit Kokosmilch auf • Kochen Sie die Sauce auf kleiner Hitze für etwa 10 Minuten • Schmecken Sie die Kokos-Curry-Sauce mit Xucker, Salz und Pfeffer ab.

4. Geben Sie den Fisch und Garnelen wieder in den Topf und lassen Sie sie heiß werden • Servieren Sie den Fisch mit Kokos-Curry-Sauce und frischen Korianderblättern.

118. Dorsch-Gemüse-Pfanne

Portion: 2
Zubereitung: ca. 45 Min.
Nährwerte: 386 kcal / Fett 23g / KH 7g / EW 35g

Zutaten:

- 200 g Dorschfilet
- ½ Aubergine
- 50 g Sellerieknolle
- 1Pastinake
- 1 rote Paprika
- 1 EL Olivenöl
- 40 g Butter
- Basilikum
- Salz
- Pfeffer

Zubereitung:

1. Waschen Sie den Dorsch und halbieren Sie ihn • Waschen Sie die Aubergine und schneiden Sie sie in Stücke • Schälen Sie die Sellerieknolle und Pastinake und schneiden Sie sie in kleine Würfel • Schneiden Sie die Paprika in Stücke • Hacken Sie das Basilikum.

2. Erhitzen Sie das Öl mit der Butter in der Pfanne und braten Sie das Gemüse an • Nehmen Sie das Gemüse heraus und geben Sie den Dorsch in die Pfanne • Würzen Sie alles mit Salz und Pfeffer und braten Sie ihn von der anderen Seite an • Geben Sie das Gemüse wieder in die Pfanne.

3. Geben Sie das Basilikum in die Pfanne und schmecken Sie das Gemüse mit Salz und Pfeffer ab.

119. Forelle mit Spinat-Salat

Portion: 1
Zubereitung: ca. 10 Min.
Nährwerte: 274 kcal / Fett 22g / KH 2g / EW 15g

Zutaten:

- 1 Forellenfilet, geräuchert
- 1 Handvoll kleine Spinatblätter
- 40 g Blattsalat
- 1 Knoblauchzehe
- 2 EL Olivenöl
- 1 EL Apfelessig
- Salz
- Pfeffer

Zubereitung:

1. Wachen Sie die Salat- und Spinatblätter und trocknen Sie sie in der Salatschleuder • Schälen Sie den Knoblauch und hacken Sie ihn klein.

2. Vermischen Sie Öl und Essig miteinander und würzen Sie alles mit Salz und Pfeffer • Geben Sie den Knoblauch zum Dressing.

3. Geben Sie das Dressing über den Fisch und den Salat.

120. Cremige Fisch-Garnelen-Suppe

Portion: 4
Zubereitung: ca. 45 Min.
Nährwerte: 287 kcal / Fett 15g / KH 3g / EW 33g

Zutaten:

- 12 Garnelen
- 400 g gemischtes Fischfilet
- 1 Schalotte
- 2 Paprika
- 300 ml Fischfond
- 200 ml Kokosmilch
- 2 EL Currypaste
- 3 EL Kokosöl
- 1 TL Xucker
- 2 Bio Limettenblätter
- Frischer Koriander
- Frische Petersilie
- Saft einer Limette
- Meersalz
- Pfeffer

Zubereitung:

1. Schneiden Sie die Fischfilets in mundgerechte Stücke • Schälen Sie die Schalotten und hacken Sie sie klein • Schneiden Sie die Paprika in kleine Stücke • Waschen Sie die Kräuter und hacken Sie sie klein.

2. Erhitzen Sie Öl in einer Pfanne und schwitzen Sie die Schalotte an • Geben Sie die Paprika, Limettenblätter und Currypaste dazu und braten Sie sie mit an • Löschen Sie alles mit Kokosmilch und Fischfond ab.

3. Geben Sie die Garnelen und die Fischfiletstücke hinein • Kochen Sie die Suppe bei niedrigerer Temperatur.

4. Geben Sie den Limettensaft, Xucker, Salz und Pfeffer dazu und schmecken Sie alles ab • Geben Sie die Kräuter dazu.

121. Seeteufel mit buntem Gemüse

Portion: 2
Zubereitung: ca. 35 Min.
Nährwerte: 467 kcal / Fett 18g / KH 9g / EW 64g

Zutaten:

- 500 g Seeteufelfilet
- 100 g Zucchini
- 1 Schalotte
- 4 Gewürzgurken
- 1 Paprika
- 1 TL Bunter Pfeffer
- 1 EL Koriandersamen
- 1 EL Olivenöl
- 2 Stängel Rosmarin
- 1 Stängel Thymian
- 2 Stängel Basilikum
- Salz
- Pfeffer

Zubereitung:

1. Schälen Sie die Schalotte und schneiden Sie sie in Würfel • Schneiden Sie die Paprika, Zucchini und Gurke klein • Hacken Sie die Hälfte der Kräuter.

2. Schneiden Sie den Seeteufel in Stücke • Zerstoßen Sie den Koriander und Pfeffer im Mörser und geben Sie alles über den Fisch.

3. Erhitzen Sie Öl in einer Pfanne und braten Sie den Seeteufel bei starker Hitze rundherum scharf an • Schlagen Sie

den Fisch in Backpapier ein und bestreuen Sie alles mit Kräuter • Legen Sie alles in eine feuerfeste Form und garen Sie es im vorgeheizten Backofen bei 125 °C für 10 Minuten weiter.

4. Braten Sie die Schalotte in der Fischpfanne an • Geben Sie Paprika, Gurke und Zucchini und würzen Sie alles mit Salz und Pfeffer. Geben Sie das Gemüse auf zwei Teller, den Seeteufel dazu und die restlichen Kräuter.

122. Lachs-Röllchen

Portion: 2
Zubereitung: ca. 15 Min.
Nährwerte: 428 kcal / Fett 35g / KH 12g / EW 13g

Zutaten:

- 2 Avocados
- 8 Scheiben Räucherlachs
- 1 Zitrone
- 2 Tomaten
- Salz
- Rosa Beeren
- 10 Stangen Schnittlauch

Zubereitung:

1. Halbieren Sie die Avocado und schneiden Sie sie mit einen Messer über Kreuz ein • Achteln Sie die Tomaten • Halbieren Sie die Zitrone und schneiden Sie eine Hälfte in dünne Schiffchen.

2. Zerstoßen Sie den Pfeffer im Mörser und streuen Sie ihn in die Avocadohälften • Rollen Sie den Lachs ein und legen Sie ihn in die Vertiefung der Avocadohälfte • Stellen Sie von der zweiten Zitronenhälfte mit der Reibe Zitronenzesten her und streuen Sie sie über den Lachs.

3. Geben Sie die Tomate und Zitrone zum Lachs und garnieren Sie ihn mit Schnittlauch und Rosa Beeren.

123. Überbackene Forelle mit Cherry-Tomaten

Portion: 2
Zubereitung: ca. 25 Min.
Nährwerte: 583 kcal / Fett 34g / KH 4g / EW 61g

Zutaten:

- 600 g Forellen
- 10 Cherry-Tomaten
- 50 g Butter
- 2 Zitronen
- 4 Stängel Basilikum
- Salz
- Pfeffer

Zubereitung:

1. Erwärmen Sie den Backofen auf 160°C • Waschen Sie die Forellen ab und schneiden Sie den Kopf ab • Erhitzen Sie die Butter langsam in einer großen Pfanne • Braten Sie die Forellen von beiden Seiten leicht goldbraun an.
2. Waschen Sie die Tomaten ab und schneiden Sie sie in Scheiben • Halbieren Sie eine Zitrone, schneiden Sie die andere in kleine Schiffchen.
3. Legen Sie die Forellen auf ein Backblech und klappen Sie sie vorsichtig auf • Reiben Sie die Innenseiten der Forellen mit Butter ein, verteilen Sie jeweils den Saft einer halben Zitrone auf eine Forelle • Würzen Sie alles mit Salz und Pfeffer • Legen Sie die Tomaten auf die Forellen und backen Sie sie im Ofen für etwa 7 Minuten.
4. Verteilen Sie das Basilikum darüber und servieren Sie sie zusammen mit den Zitronenschiffchen.

Vegetarische Gerichte

124. Asiatischer Salat mit gebratenem Gemüse

Portion: 2
Zubereitung: ca. 20 Min.
Nährwerte: 283 kcal / Fett 15g / KH 22g / EW 13g

Zutaten:

- 400 g Brokkoli
- 2 Möhren
- 1 Tomate
- 250 ml Wasser
- 60 ml Bio Sojasauce
- 2 EL Sesamöl
- 2 EL Honig
- 1 TL Sesam
- Meersalz
- Pfeffer

Zubereitung:

1. Schneiden Sie die Brokkoli-Röschen vom Stiel, waschen Sie sie und lassen Sie sie abtropfen • Schälen Sie die Möhren und schneiden Sie sie in Scheiben • Waschen Sie die Tomate und schneiden Sie sie in Stücke.

2. Erhitzen Sie das Sesamöl in der Pfanne und braten Sie den Brokkoli mit Möhren rundum an • Geben Sie die Tomatenstücke hinzu, würzen Sie alles mit Salz und Pfeffer und rühren Sie es durch.

3. Verrühren Sie die Sojasauce, den Honig und warmes Wasser in einer kleinen Schüssel und geben Sie es dann zum Gemüse in die Pfanne.

4. Garen Sie alles für mehrere Minuten bei mittlerer Hitze • Schmecken Sie zum Schluss alles mit Salz und Pfeffer ab und bestreuen Sie den Salat mit Sesam.

125. Gemüse-Wraps

Portion: 4
Zubereitung: ca. 35 Min.
Nährwerte: 196 kcal / Fett 14g / KH 9g / EW 7g

Zutaten:

- 2 Eier
- 50 g Butter
- 80 ml Sojadrink
- 20 g Dinkelmehl
- 50 g Kokosmehl
- 50 g Brokkoli
- ½ rote Paprika
- 3 EL Mais (aus der Dose)
- 4 Salatblätter
- 1 Frühlingszwiebel
- 4 EL Joghurt, natur
- Meersalz
- Pfeffer
- Kräuter nach Belieben

Zubereitung:

1. Zerlassen Sie Butter in einem kleinen Topf und lassen Sie ihn kurz abkühlen • Vermischen Sie Eier, Butter, Mehle und Sojadrink in einer Schüssel zu einem glatten Teig.

2. Waschen Sie das Gemüse und die Salatblatter und lassen Sie sie abtropfen • Schneiden Sie die Brokkoli-Röschen vom Stiel • Schneiden Sie die Paprika in kleine Stücke • Putzen Sie die Frühlingszwiebel und schneiden Sie sie in feine Ringe.

3. Erhitzen Sie eine kleine beschichtete Pfanne, geben Sie dann etwa ¼ des Teiges hinein • Drehen Sie den den Wrap um.

4. Bestreichen Sie jeden Wrap mittig mit 1 EL Joghurt und salzen und pfeffern Sie ihn • Belegen Sie die Wraps mittig mit den vorbereiteten Zutaten.

126. Schoko-Pfannenkuchen

Portion: 2
Zubereitung: ca. 20 Min.
Nährwerte: 306 kcal / Fett 10g / KH 24g / EW 28g

Zutaten:

- 50 g Dinkelmehl
- 50 g Mandelmehl
- 30 g Kokosmehl
- 1 Ei
- 1 Prise Meersalz
- 150 ml Wasser
- 4 EL Joghurt, natur
- 50 g Beeren, gemischt
- 5 g Puder-Xucker
- 10 g Schokolade, mind. 70%

Zubereitung:

1. Geben Sie für die Low Carb Eierkuchen Mehle, Ei und Salz in einen Mixbecher und fügen Sie 100 ml Wasser hinzu • Verrühren Sie alles mit dem elektrischen Schneebesen zu einem glatten Teig.

2. Erhitzen Sie eine beschichtete große Pfanne und geben Sie etwa die Hälfte des Teiges hinein • Wenden Sie mit dem Pfannenwender den Eierkuchen.

3. Lasen Sie die Schokolade Zur selben Zeit im heißen Wasserbad schmelzen • Lassen Sie die Eierkuchen etwas

abkühlen und bestreichen Sie sie dann mit Joghurt • Geben Sie gewaschene und abgetropfte Beeren auf den Joghurt • Bestreuen Sie den Eierkuchen mit Puder-Xucker und geben Sie die geschmolzene Schokolade dazu.

127. Gegrillte Süßkartoffel mit Avocado

Portion: 2
Zubereitung: ca. 35 Min.
Nährwerte: 560 kcal / Fett 47g / KH 14g / EW 16g

Zutaten:

- 150 g Scheiben Süßkartoffeln
- 1 Avocado
- 2 Eier
- Saft einer Limette
- 3 EL Olivenöl
- 2 TL schwarzer Sesam
- Chiliflocken
- Meersalz
- Pfeffer

Zubereitung:

1. Kochen Sie die Eier in kochendem Wasser für 10 Minuten hart • Schneiden Sie sie in Scheiben.

2. Halbieren Sie die Avocado und lösen Sie das Fleisch heraus • Schneiden Sie eine Avocadohälfte in Streifen und beträufeln Sie sie mit Limettensaft • Zerdrücken Sie die zweite Hälfte mit der Gabel auf einem Teller, beträufeln Sie sie mit Limettensaft und heben Sie Chiliflocken, Salz und Pfeffer unter.

3. Legen Sie die Süßkartoffelscheiben auf ein mit Backpapier ausgelegtes Backblech und garen Sie sie 10 Minuten bei 160°C vor • Erhitzen Sie eine Grillpfanne und pinseln Sie sie mit Öl aus • Legen Sie die Süßkartoffelscheiben in die heiße Pfanne und grillen Sie sie.

4. Streichen Sie das Avocadomus auf die Süßkartofffelscheiben und belegen Sie sie mit Eiern und Avocado • Streuen Sie den Sesam über die Eier und würzen Sie alles mit Salz und Pfeffer.

128. Zucchini-Nudeln mit Feta und Gemüse

Portion: 2
Zubereitung: ca. 20 Min.
Nährwerte: 264 kcal / Fett 16g / KH 15g / EW 13g

Zutaten:

- 400 g Zucchini
- 250 g Cherry-Tomaten
- 1 Frühlingszwiebel
- 100 g Feta
- 4 EL Olivenöl
- 4 Stängel Basilikum
- Meersalz
- Pfeffer
- 2 EL Olivenöl

Zubereitung:

1. Waschen Sie die Zucchini und trocknen Sie sie ab • Schneiden Sie die Zucchini mit dem Spiralschneider in lange dünne Nudeln • Geben Sie die Zucchini-Nudeln und etwas Salz in eine Schüssel.

2. Waschen Sie die Tomaten und lassen Sie sie abtropfen, halbieren Sie sie dann • Putzen Sie die Frühlingszwiebel und schneiden Sie sie in dünne Ringe • Waschen Sie das Basilikum und schütteln Sie ihn trocken, hacken Sie ihn klein • Schneiden Sie de Feta in Würfel.

3. Erhitzen Sie das Öl in der Pfanne • Geben Sie die Frühlingszwiebel und Tomaten hinein und braten Sie alles kurz an, nehmen Sie sie heraus und stellen Sie sie beiseite • Drücken Sie die Zucchini-Nudeln im Geschirrtuch aus, geben Sie sie dann in die heiße Pfanne geben und garen Sie sie für 8 Minuten.

4. Würzen Sie alles mit Salz und Pfeffer • Geben Sie Tomaten, die Frühlingszwiebel, Feta und Basilikum dazu • Geben Sie die Nudeln mit Cherrytomaten und Feta auf zwei Teller.

129. Zucchini-Kartoffel-Suppe

Portion: 2
Zubereitung: ca. 30 Min.
Nährwerte: 473 kcal / Fett 42g / KH 13g / EW 7g

Zutaten:

- 450 g Zucchini
- 1 Zwiebel
- 1 Knoblauchzehe
- 60 g Kartoffeln
- 2 Zweige Thymian
- 1 Zweig Rosmarin
- 550 m Gemüsefond
- 100 ml Sahne
- 4 EL Olivenöl
- 1 EL Butter
- Muskat
- Meersalz
- Pfeffer

Zubereitung:

1. Waschen Sie die Zucchini und trocknen Sie sie, schneiden Sie sie in etwa 1 cm große Stücke • Schälen Sie den Knoblauch und die Zwiebel und schneiden Sie sie in feine Würfel • Schälen Sie die Kartoffel und reiben Sie sie.

2. Waschen Sie den Thymian und Rosmarin zupfen Sie die Blätter vom Stiel • Hacken Sie die Kräuter fein • Erhitzen Sie die Butter und 2 EL Öl in einem Topf und braten Sie die Zwiebel und den Knoblauch an • Geben Sie die Kartoffel dazu.

3. Löschen Sie alles mit dem Fond ab und kochen Sie das Gemüse etwa 10 Minuten bei geschlossenem Topf • Kochen Sie dann die Zucchini für weitere 5 Minuten • Geben Sie die Sahne dazu.

4. Pürieren Sie alles mit einem Stabmixer fein • Schmecken Sie die Suppe mit frisch geriebener Muskatnuss, Salz und Pfeffer ab • Geben Sie Öl und Kräuter dazu.

130. Auberginen-Tomaten-Pizza

Portion: 4
Zubereitung: ca. 30 Min.
Nährwerte: 216 kcal / Fett 17g / KH 6g / EW 8g

Zutaten:

- 500 g Auberginen
- 350 g Tomaten
- 150 g Mozzarella
- 1 Bund Basilikum
- 1 Knoblauchzehe •
- 4 EL Olivenöl
- Oregano, gerebelt
- Meersalz
- Pfeffer

Zubereitung:

1. Waschen Sie die Auberginen und schneiden Sie sie in Scheiben, salzen Sie diese • Waschen Sie die Tomaten und lassen Sie sie abtropfen, schneiden Sie sie in kleine Stücke.

2. Waschen Sie das Basilikum, trocknen Sie ihn und hacken Sie ihn klein • Schälen Sie den Knoblauch • Verrühren Sie etwas Oregano mit Olivenöl in einer Schüssel • Schneiden Sie den Mozzarella in Scheiben.

3. Geben Sie die Tomaten und das Basilikum zur Ölmischung • Drücken Sie den Knoblauch mit der Knoblauchpresse dazu, würzen Sie alles mit Pfeffer und Salz und vermischen Sie alles • Legen Sie die Auberginenscheiben auf ein mit Backpapier ausgelegtes Backblech legen und legen Sie die Tomatenmischung drauf.

4. Geben Sie den Mozzarella über die Tomaten und backen Sie die Auberginen-Pizzen im vorgeheizten Backofen bei 175°C für 15 Minuten.

131. Zucchini-Paprika-Röllchen

Portion: 2
Zubereitung: ca. 25 Min.
Nährwerte: 336 kcal / Fett 18g / KH 15g / EW 26g

Zutaten:

- 2 große Zucchini
- 200 g Quark
- 100 g Frischkäse
- 5 Stängel Petersilie
- ½ rote Paprika
- ½ gelbe Paprika
- 1 TL Olivenöl
- Saft einer Zitrone
- Meersalz
- Pfeffer

Zubereitung:

1. Waschen Sie das Gemüse und lassen Sie es abtropfen • Schneiden Sie die Zucchini längs in dünne lange Streifen und salzen Sie sie • Schneiden Sie die Paprika in Streifen.

2. Waschen Sie die Petersilie, trocknen Sie sie und hacken Sie sie klein Sie ihn fein • Verrühren Sie den Quark, Frischkäse und Petersilie mit Zitronensaft in einer Schüssel und schmecken Sie alles mit Salz und Pfeffer ab.

3. Erhitzen Sie das Öl in der Pfanne und braten Sie die Zucchini von beiden Seiten an.

4. Bestreichen Sie die Zucchinistreifen mit der Frischkäsemischung • Legen Sie die Paprika an ein Ende der Zucchini und rollen Sie diese gleichmäßig zusammen.

132. Zucchini-Champignon-Auflauf

Portion: 4
Zubereitung: ca. 30 Min.
Nährwerte: 233 kcal / Fett 14g / KH 10g / EW 15g

Zutaten:

- 2 große Zucchini
- 12 Champignons
- 1 rote Paprika
- ½ Chilischote
- 450 g Tomaten, stückig
- 2 Knoblauchzehen
- ½ Bund Basilikum
- 250 g Mozzarella
- 1 EL Olivenöl
- Meersalz
- Pfeffer

Zubereitung:

1. Waschen Sie die Zucchini und halbieren Sie sie längs • Schaben Sie mit einem Löffel die Kerne aus den Zucchinihälften heraus • Putzen Sie die Champignons und schneiden Sie die trockenen Stielenden ab • Schneiden Sie sie in Stücke.

2. Schneiden Sie die Paprika und Chilischote in kleine Würfel • Schälen Sie den Knoblauch und hacken Sie ihn fein.

3. Zupfen Sie die Basilikumblätter vom Stiel und hacken Sie sie fein • Erhitzen Sie das Öl im Topf und braten Sie die Champignons, Paprika, Chilischote und Knoblauch an • Geben Sie die Tomaten dazu und verrühren Sie alles.

4. Geben Sie das Basilikum zur Sauce und schmecken Sie sie mit Salz und Pfeffer ab • Geben Sie die Tomaten-Gemüse-Sauce in die Zucchinihälften und bestreuen Sie alles mit Mozzarella.

5. Geben Sie die Zucchini in eine Auflaufform und garen Sie alles für etwa 20 Minuten bei 180°C Umluft im vorgeheizten Backofen.

Vegane Gerichte

133. Fruchtiger Rotkohl

Portion: 8
Zubereitung: ca. 70 Min.
Nährwerte: 73 kcal / Fett 3g / KH 8g / EW 3g

Zutaten:

- 800 g Rotkohl
- 200 g Äpfel, klein Gewürfelt
- 2 Bio Orangen
- Saft einer Zitrone
- 3 EL Olivenöl
- 1 EL Xucker, nach Bedarf
- 2 Sternanis
- 2 Lorbeerblätter
- 2 TL Ras el hanout
- 1 Zimtstange
- Meersalz
- Wasser

Zubereitung:

1. Entfernen Sie die äußeren welken Blätter vom Rotkohl • Hobeln Sie den Rotkohl mit dem Gemüsehobel in feine Streifen.

2. Reiben Sie die Orangenschale mit der Reibe ab • Halbieren Sie die Orangen und pressen Sie den Saft aus • Erhitzen Sie den Rotkohl mit Äpfeln, Olivenöl, Orangen- und Zitronensaft in einen Topf.

3. Geben Sie Sternanis, Lorbeerblätter, Zimtstange, abgeriebene Orangenschale und Ras el hanout zum Rotkohl und kochen Sie alles mindestens 30 Minuten lang.

4. Schmecken Sie den Rotkohl mit Salz und Xucker ab.

134. Knoblauch-Brokkoli

Portion: 1
Zubereitung: ca. 10 Min.
Nährwerte: 268 kcal / Fett 20g / KH 9g / EW 11g

Zutaten:

- 250 g Brokkoli
- 2 EL Olivenöl
- 3 Knoblauchzehen
- Salz

Zubereitung:

1. Waschen Sie den Brokkoli und lassen Sie ihn abtropfen • Schälen Sie den Knoblauch und schneiden Sie ihn in Scheiben.

2. Erhitzen Sie das Öl in der Pfanne und braten Sie den Brokkoli mit Knoblauch von allen Seiten scharf an • Geben Sie den Brokkoli auf einen Teller und bestreuen Sie ihn mit Salz.

135. Avocado-Koriander-Hummus

Portion: 2
Zubereitung: ca. 15 Min.
Nährwerte: 566 kcal / Fett 52g / KH 13g / EW 7g

Zutaten:

- 250 g Kichererbsen (Dose)
- 1 Avocado
- 1 Knoblauchzehe
- ½ Bund Koriander
- 60 ml Olivenöl
- Meersalz

Zubereitung:

1. Lassen Sie die Kichererbsen abtropfen und kochen Sie sie in einen Topf mit Wasser bedeckt für etwa 10 Minuten.
2. Halbieren Sie die Avocado und lösen Sie das Fruchtfleisch aus der Schale heraus • Waschen Sie den Koriander und schütteln Sie ihn trocken • Schälen Sie den Knoblauch und schneiden Sie ihn in Stücke.
3. Geben Sie die Kichererbsen, Avocado und Knoblauch in einen hohen Mixbecher und pürieren Sie alles mit dem Stabmixer fein • Geben Sie die Korianderblätter dann dazu und mixen Sie alles noch einmal durch.
4. Geben Sie das Olivenöl zuletzt zum Hummus und schmecken Sie ihn mit Salz ab.

136. Scharfe Tomaten-Bohnen-Suppe

Portion: 2
Zubereitung: ca. 35 Min.
Nährwerte: 312 kcal / Fett 15g / KH 27g / EW 15g

Zutaten:

- 700 g Tomaten (Dose)
- 2 rote Zwiebeln
- 3 Knoblauchzehen
- 2 Limetten
- 1Chilischote
- 250 g weiße Bohnen
- 2 EL Olivenöl
- 1 TL Kreuzkümmel
- 2 TL Paprikapulver
- ½ TL Cayennepfeffer
- Meersalz

Zubereitung:

1. Geben Sie die Tomaten in einen großen Topf • Schälen Sie die Zwiebeln und schneiden Sie sie in feine Würfel • Schälen Sie den Knoblauch und drücken Sie ihn mit der Knoblauchpresse aus.

2. Halbieren Sie die Limetten und pressen Sie sie aus • Halbieren Sie die Chilischote, entkernen Sie sie und hacken Sie sie in kleine Stücke • Geben Sie alles zu den Tomaten und verrühren Sie es.

3. Geben Sie Olivenöl, Kümmel, Paprika, Cayennepfeffer und Salz zur Suppe • Gießen Sie die Bohnen in ein Sieb ab und waschen Sie sie unter fließendem Wasser ab • Geben Sie die Bohnen zur Suppe und vermischen Sie sie.

137. Würziger Blumenkohl

Portion: 2
Zubereitung: ca. 25 Min.
Nährwerte: 326 kcal / Fett 28g / KH 8g / EW 8g

Zutaten:

- 500 g Blumenkohl
- 2 Knoblauchzehen
- 3 EL Butter
- 2 EL Olivenöl
- 2 Stängel Basilikum
- 3 Stängel Petersilie
- 2 TL Kurkuma
- Meersalz
- Pfeffer

Zubereitung:

1. Schneiden Sie die Blumenkohl-Röschen vom Stiel, waschen Sie sie und lassen Sie sie abtropfen • Schälen Sie den Knoblauch und hacken Sie ihn fein.

2. Geben Sie Olivenöl, Knoblauch, Kurkuma, Salz und Pfeffer in eine Schüssel und vermischen Sie alles • Geben Sie Blumenkohl in die Gewürzmischung und schwenken Sie ihn durch.

3. Erhitzen Sie Butter in einer Pfanne und geben Sie Blumenkohl hinein • Braten Sie die Blumenkohlröschen von allem Seiten kurz an • Waschen Sie die Kräuter und trocknen Sie sie, hacken Sie sie klein und geben Sie sie zum Blumenkohl.

138. Blumenkohl-Kokos-Pfanne

Portion: 2
Zubereitung: ca. 40 Min.
Nährwerte: 636 kcal / Fett 56g / KH 18g / EW 10g

Zutaten:

- 400 g Blumenkohl
- 300 ml Kokosmilch
- 100 ml Gemüsefond
- 2 Knoblauchzehen
- 1 Möhre
- 1 Tomate
- 1 Schalotte
- ½ Bund Koriander
- Saft einer Limette
- 3 EL Kokosöl
- 2 TL Kurkuma
- 1 TL Agavendick-Saft
- Meersalz
- Pfeffer

Zubereitung:

1. Schneiden Sie die Blumenkohl-Röschen vom Stiel • Schälen Sie die Möhre und schneiden Sie sie in Scheiben • Schneiden Sie die Tomate in Stücke • Schälen Sie den Knoblauch und die Schalotte klein • Waschen Sie den Koriander und lassen Sie ihn abtropfen.

2. Erhitzen Sie das Öl in der Pfanne und geben Sie die Schalotte und den Knoblauch dazu • Geben Sie den

Blumenkohl und die Möhre in die heiße Pfanne und braten Sie sie an • Löschen Sie das Gemüse dann mit dem Fond ab.

3. Rühren Sie Kokosmilch und Kurkuma dazu • Kochen Sie die Blumenkohl-Pfanne für etwa 5 Minuten zugedeckt bei geringer Hitze • Geben Sie die Tomaten, den Limetten- und Agavendicksaft dazu und verrühren Sie alles • Schmecken Sie alles mit Salz und Pfeffer ab.

4. Hacken Sie den Koriander klein und geben Sie ihn über das Gemüse • Geben Sie die Blumenkohl-Pfanne mit Kokosmilch und Kurkuma auf zwei Teller.

Desserts

139. Cremeschoko

Portion: 4
Zubereitung: ca. 15 Min.
Nährwerte: 1267 kcal / Fett 104g / KH 23g / EW 50g

Zutaten:

- 15 g Backkakao (ungesüßt)
- 200 g Frischkäse
- ½ Avocado
- 40 g Erythrit
- 50 ml Sahne
- 10 Tropfen Flavdrops Vanille

Zubereitung:

1. Vermengen Sie mit dem Handrührgerät den Frischkäse, das Kakaopulver, die Avocado, den Erythrit, die Sahne und die Flavordrops.

2. Anschließend schlagen Sie die Sahne in einem weiteren Behälter steif und heben Sie vorsichtig über die fertig vermengte Kakaomasse.

3. Zum Schluss portionieren Sie die Schokoladenmasse in kleine Gläser und stellen Sie das fertige Dessert für 10 Minuten in den Kühlschrank.

140. Cheesecake

Portion: 6
Zubereitung: ca. 90 Min.
Nährwerte: 2546 kcal / Fett 104g / KH 35g / EW 350g

Zutaten:

- 400 g Magerquark
- 3 Eier
- 100 g weiche Butter
- 25 g Eiweißpulver Vanille
- 10 ml Süßstoff
- Abgeriebene Schale von ½ Zitrone
- Salz
- (Backform 18cm Durchmesser)

Zubereitung:

1. Verrühren Sie die weiche Butter mit dem Magerquark und den Eiern. Fügen Sie eine Prise Salz hinzu und geben Sie die Schale der ½ Zitrone dazu.

2. Anschließend geben Sie 10 ml Süßstoff hinzu und rühren weiter.

3. Sobald es eine homogene Masse wird, fügen Sie das Eiweißpulver hinzu und mischen alles vorsichtig nochmal weiter.

4. Lassen Sie den Teig 20 Minuten ruhen und heizen Sie in der Zwischenzeit den Backofen bei Ober – und Unterhitze auf 150 Grad vor.

5. Anschließend füllen Sie den Teig in die gut eingefettete Form.

6. Backen Sie den Kuchen für 50 – 60 Minuten im Backofen bis es oben eine goldbraune Farbe bekommt und innen nicht mehr flüssig ist.

141. Gefüllte Kokosdatteln

Portion: 1
Zubereitung: ca. 15 Min.
Nährwerte: 505 kcal / Fett 42g / KH 14g / EW 14g

Zutaten:

- 10 getrocknete Datteln
- 50 g Mandeln
- 1 TL Backkakao
- 20 g Kokosraspeln
- 2 EL getrocknete Sauerkirschen

Zubereitung:

1. Entsteinen Sie zunächst die Datteln. Anschließend pürieren Sie die Datteln mit den Sauerkirschen sowie den Mandeln und dem Kakao mit einem Pürierstab bis eine klebrige Mischung entsteht.

2. Formen Sie anschließend mit den Händen die fertige Mischung in kleine Kugeln und wälzen Sie die Kugeln in eine Schale mit Kokosraspeln.

3. Stellen Sie zum Schluss die fertigen Kokoskugeln für 30 Minuten in den Kühlschrank bis sie fest werden.

142. Softeis mit Heidelbeer-Vanille

Portion: 1
Zubereitung: ca. 30 Min.
Nährwerte: 180 kcal / Fett 3g / KH 13g / EW 24g

Zutaten:

- 30 g Proteinpulver Vanille
- 150 g gefrorerene Heidelbeeren
- 250 ml Wasser

Zubereitung:

1. Nehmen Sie einen Standmixer und fügen Sie das Wasser und die Beeren sowie das Proteinpulver hinein.
2. Mixen Sie den Inhalt auf höchster Stufe bis eine cremige Konsistenz entsteht.
3. Anschließend füllen Sie die Masse in gewünschte Behälter rein.

143. Baiser

Portion: 2
Zubereitung: ca. 60 Min.
Nährwerte: 44 kcal / Fett 0g / KH 0g / EW 11g

Zutaten:

- 3 Eiweiß
- 150 g Puder Erythrit
- 1 TL Backpulver
- 2 Spritzer Zitronensaft

Zubereitung:

1. Heizen Sie als aller erstes den Backofen auf 100 Grad vor.

2. Schlagen Sie anschließend das Eiweiß mit dem Salz bis es steif wird.

3. Geben Sie in die fertig geschlagene Masse das Erythrit und das Zitronensaft sowie das Backpulver hinzu und schlagen Sie die Mischung in der mittleren Stufe weiter, bis die Masse eine glänzende weiße Farbe bekommt.

4. Danach legen Sie auf das Backblech mit Backpapier aus und geben Löffelweise die fertig gemischte Masse mit reichlich Abstand auf das Backpapier auf.

5. Drehen Sie nun den Backofen runter auf 80 Grad und backen Sie die Baiser für 25-30 Minuten trocken bis diese hart werden.

6. Dann den Ofen ausschalten und die Baiser für 1 Stunde im Ofen abkühlen lassen und vorsichtig vom Backpapier lösen.

144. Schokokuchen

Portion: 12
Zubereitung: ca. 95 Min.
Nährwerte: 3824 kcal / Fett 308g / KH 52g / EW 182g

Zutaten:

- 200 g Mandelmehl
- 2 Eier
- 50 g Xylit
- 80 g Butter

Für die Schokocreme:

- 600 g Frischkäse
- 3 Eier
- 100 g Xylit
- 50 g Zartbitterschokolade
- 3EL Backkakao
- Salz

Zubereitung:

1. Heizen Sie den Ofen auf 160 Grad auf Ober- und Unterhitze vor.

2. Für den Kuchenboden mischen Sie Mandelmehl, Xylit, Backpulver sowie geschmolzene Butter in einer Schüssel und geben Sie die Masse in eine Backform hinein und drücken Sie den Boden fest mit den Händen rein.

3. Für die Schokocreme rühren Sie Frischkäse und Eier cremig zusammen • Die geschmolzene Zartbitterschokolade rühren Sie mit unter und geben Backkakao, Xylit und Salz dazu.

4. Die Creme streichen Sie gleichmäßig auf den festen Boden und backen den Kuchen für 30 Minuten • Sobald der Kuchen fertig gebacken und abgekühlt ist stellen Sie ihn für 60 Minuten in den Kühlschrank.

145. Heidelbeerkuchen (ohne Backen)

Portion: 12
Zubereitung: ca. 50 Min. + 6 Std. Ruhezeit
Nährwerte: 4274 kcal / Fett 404g / KH 54g / EW 72g

Zutaten:

Für den Boden:

- 100 g Walnüsse, gemahlen
- 150 g Haselnüsse, gemahlen
- 120 g Butter
- 1 TL Kokosöl

Für die Creme:

- 200 ml Sahne
- 250 g Frischkäse
- 8 Blatt Gelatine
- 250 g Heidelbeeren

Zubereitung:

1. Zunächst mischen Sie die gemahlenen Walnüsse mit den Haselnüssen sowie die geschmolzene Butter zusammen und verteilen die Mischung in eine Kuchenform und drücken den Teig mit den Händen fest zu.

2. Den Kuchen stellen Sie für 30 Minuten in den Kühlschrank • Währenddessen lassen Sie die Gelatine in kaltem Wasser für 10 Minuten einweichen.

3. Dann geben Sie die Sahne in einen Topf und fügen die Gelatine mit dem Frischkäse und den Heidelbeeren hinzu und verrühren diese gut zusammen • Anschließend verteilen Sie die Creme auf den Kuchenboden gleichmäßig auf.

4. Stellen Sie den Kuchen über Nacht oder für mindestens 6 Stunden in den Kühlschrank.

146. 5-Minuten Brownie

Portion: 1
Zubereitung: ca. 5 Min.
Nährwerte: 256 kcal / Fett 9g / KH 6g / EW 36g

Zutaten:

- 30 g Proteinpulver Schoko
- 1 Ei
- 1 TL Xylit
- 1 TL Backkakao
- 50 ml Milch

Zubereitung:

1. Vermischen Sie alle Zutaten in einer Schüssel und verrühren diese zu einer homogenen Masse • Backen Sie den Brownie für 3 Minuten in einer für die Mikrowelle geeigneten Tasse bei 700 Watt.

147. Nusscreme mit Avocado

Portion: 2
Zubereitung: ca. 10 Min.
Nährwerte: 325 kcal / Fett 27g / KH 9g / EW 9g

Zutaten:

- 20 g Haselnüsse
- 2 EL Xylit
- Salz
- 3TL Backkakao
- 4 EL Milch
- 20 g Zartbitter-schokolade

Zubereitung:

1. Pürieren Sie zunächst die Avocado mit der Milch • Geben Sie dann Backkakao, Xylit und Salz hinzu und pürieren alles nochmal.

2. Geben Sie die Creme in eine Schale und bestreuen die mit Haselnüssen und grob gehackte Zartbitterschokolade über die Creme.

148. Fluffige Schoko-Brownies

Portion: 20
Zubereitung: ca. 35 Min.
Nährwerte: 1509 kcal / Fett 127g / KH 22g / EW 58g

Zutaten:

- 20 g gemahlene Mandeln
- 2 TL Süßstoff
- Salz
- 40 g Backkakao
- 4 Eier
- 80 g Zartbitter-schokolade
- ½ Pck. Backpulver

Für die Glasur:

- 30 g Butter
- 20 g Zartbitter-Schokolade
- 1 TL Backpulver
- 1 TL Süßstoff
- 1 EL Milch

Zubereitung:

1. Backofen auf 180 Grad auf Ober- und Unterhitze vorheizen.

2. Vermischen Sie zunächst die gemahlenen Mandeln mit Backkakao, Backpulver und Salz • Dann schmelzen Sie die Butter mit der Zartbitterschokolade zusammen über einem Wasserbad.

3. Anschließend geschmolzene Buttermischung und Eier zu der Mandelmischung dazugeben und Süßstoff dazugeben • In einer länglichen Backform den Teig für 20 Minuten backen.

4. Für die Glasur erneut Butter mit der Zartbitterschokolade über einem Wasserbad schmelzen und mit Milch und Backkakao und Süßstoff vermischen • Die Glasur über die abgekühlten Brownies verteilen und in kleine Stücke schneiden.

149. Zupfkuchen

Portion: 14
Zubereitung: ca. 80 Min.
Nährwerte: 3735 kcal / Fett 291g / KH 46g / EW 205g

Zutaten:

- 200 g Mandelmehl
- 30 g Kokosmehl
- 150 g Butter
- 3 Eier
- 100 g Xylit
- 3 EL Backkakao
- 1 Pck. Backpulver

Für die Füllung:

- 50 g Butter
- 200 g Sahne
- 2 Eier
- 400 g Magerquark
- 2 EL Xylit

Zubereitung:

1. Backofen auf 160 Grad auf Ober- und Unterhitze vorheizen.

2. Vermischen Sie zunächst Mandelmehl, Kokosmehl, Xylit, Backkakao, Backpulver und Salz • Dann schmelzen Sie die Butter mit der Zartbitterschokolade zusammen über einem Wasserbad.

3. Anschließend geschmolzene Buttermischung und Eier zu der Mandelmischung mit dem Süßstoff dazugeben • In einer länglichen Backform den Teig für 20 Minuten backen.

4. Für die Füllung den Quark, Sahne und Butter in einer Schüssel gut verrühren • Dann die Eier mit dem Xylit und dem Salz dazugeben und vermischen.

5. Anschließend die Masse in eine Backform verteilen • Den restlichen Schokoteig zupfen Sie mit den Händen in grobe Stücke und verteilen diese über die Füllung • Backen Sie den Kuchen für 50 Minuten.

150. Himbeerquark

Portion: 1
Zubereitung: ca. 5 Min.
Nährwerte: 198 kcal / Fett 1g / KH 15g / EW 31g

Zutaten:

- 250 g Magerquark
- 100 g TK Himbeeren (aufgetaut)
- 1 EL Süßstoff
- 2 EL Wasser mit Kohlensäure

Zubereitung:

1. Vermischen Sie alle Zutaten in einer Schüssel gut zusammen bis eine cremige Konsistenz entsteht und fertig ist der Himbeerquark.

Fazit

Die Low Carb-Diät ist mittlerweile in aller Munde. Die Diät besticht durch ihre Einfachheit und dadurch, dass sie klar vorgibt, welche Lebensmittel stärker und welche weniger stark in die tägliche Ernährung mit einbezogen werden sollten. Die vorgestellten Ernährungshinweise für die Low Carb- und die ketogene Diät soll Ihnen helfen, den Überblick zu behalten.

Je nachdem welches Ziel sie mit welcher Intensität erreichen möchten, können Sie eine strengere oder eine weniger strenge Form der Low Carb- bzw. ketogene Diät wählen. Achten Sie dabei auch stets auf die Signale Ihres Körpers. Dieser gibt Ihnen sicher vor, ob Sie eine bestimmte Form der Ernährung weiterführen oder durch eine andere ersetzten sollten. Erzwingen Sie aus diesem Grunde nichts.

Die ketogene Diät ist beispielsweise aufgrund der Tatsache, dass sich der Stoffwechsel komplett Richtung Ketose dreht insbesondere beim Fettabbau unschlagbar. Doch nicht jedem gelingt es, dauerhaft auf eine breite Palette an Produkten und Nahrungsmitteln zu verzichten, die auch nur kleinste Mengen an Kohlenhydraten enthalten.

Der Vorteil der Low Carb-Diät liegt darin, dass Sie ganz und gar der menschlichen Physiologie entspricht. Während unsere Vorfahren in der Steinzeit kaum die Möglichkeit hatten, eine hohe Kohlenhydratmenge zu verzehren, leiden wir körperlich an dem Überangebot. Kohlenhydrate müssen nicht zwangsläufig dem Körper zugeführt werden, im Zweifel kann der Körper seine benötigte Energie auch aus anderen Quellen wie Fetten und Proteinen beziehen. Aus diesem Grunde müssen Sie sich keine Gedanken darum machen, wenn Sie sich dafür entscheiden, komplett auf Kohlenhydrate zu verzichten.

In der Ketose wird der Körper nach einer kleinen Umstellungsphase recht schnell aus Ketonkörpern die benötigte Energie ziehen können. Befindet sich der Körper in der Ketose, beginnt er damit Fette in Ketonkörper umzuwandeln, welche dann schlussendlich in den Energiestoffwechsel eingehen und somit als Energieträger fungieren. Der Vorteil liegt darin, dass direkt das ungeliebte Körperfett angegriffen wird und somit das Abnehmen im Vollen Gange ist. Vorausgesetzt natürlich, Sie achten dabei auch auf Ihre persönlich empfohlene und täglich erlaubte Kalorienmenge. Denn Sie werden nur Abnehmen können, wenn die aufgenommene Kalorienmenge weniger ist als die Kalorienmenge, die Sie täglich benötigen. Achten Sie deshalb immer darauf, dass Sie Ihren Leistungs- und Grundumsatz im Auge behalten.

Der Grundumsatz bezeichnet jene Energiemenge, die der Körper täglich benötigt, um lebenswichtige körperliche Prozesse ausführen zu können. Diesen Grundumsatz an

Energie benötigen Sie jederzeit, unabhängig von der Bewegung, die Sie täglich ausführen.

Unterschreiten Sie diesen Wert besser nicht, Heißhungerattacken und schwere körperliche Komplikationen können die Folge sein. Ihre tägliche Ersparnis kann im Schnitt 300-500 Kilokalorien betragen, ausgehend vom Leistungsumsatz, der die Kalorienmenge angibt, die Sie täglich benötigen, wenn Sie sich körperlich betätigen. Je nachdem, wie sehr Sie sich täglich körperlich betätigen, steigt oder sinkt ihr Leistungsumsatz. Hier können Sie sparen, denn die Differenz zwischen Grund- und Leistungsumsatz wird nicht Ihre körperliche Gesundheit gefährden. Die fehlende Energie wird sich der Körper entweder über das Glykogen, die Proteine der Muskeln oder über das Körperfett generieren. Sie entscheiden jedoch durch ihre sportliche Betätigung, ob er verstärkt zu den Proteinen der Muskelmasse oder dem Körperfett greift.

Aus diesem Grunde sollten auch sportliche Einheiten zu Ihrem Programm gehören. Denn nur dann stellen Sie sicher, dass der Körper die Muskelmasse erhält und stattdessen die langfristigen Fettreserven zur Deckung des Energiebedarfs nutzt. Wenn Sie hingegen nur Ihre Ernährung umstellen und dabei keinen Sport machen, wird der Körper immer erst zunächst energiereiche und aus seiner Sicht unwichtige Muskelmasse abbauen, bis er nicht weiter auf diese Energiequelle zurückgreifen kann, da es sonst essentielle Muskelpartien abgebaut werden würden.

Wenn Sie das Gefühl haben, dass Ihre Ernährungsweise den sozialen Alltag schwieriger macht, dann versuchen Sie die Low Carb-Diät so zu gestalten, dass Sie ein gutes Gefühl bei der Sache haben. Handeln Sie allerdings dauerhaft entgegen Ihres Gefühls, wird Ihr Körper Sie irgendwann mit Heißhungerattacken strafen und Ihre Diät somit zunichtemachen. Bleiben Sie deshalb immer auch realistisch, wenn es um die Festlegung Ihrer Ziele geht. Es wird Ihnen nicht helfen, auf etwas zu verzichten, das Ihnen derart wichtig und notwendig erscheint, sodass Sie nicht darauf verzichten wollen.

Nehmen Sie sich zudem genügend Zeit, neue Gewohnheiten in Ihr Leben zu integrieren. Insbesondere wenn Sie sich dafür entscheiden, die Low Carb-Diät dauerhaft in Ihren Alltag zu integrieren, sollten Sie Ihre Psyche nicht komplett außer Acht lassen. Denn der Verzicht auf Kohlenhydrate wird Ihnen zwar körperlich nicht besonders schwerfallen, mit der Psyche wird dies aber deutlich anders aussehen. Jeden Morgen haben Sie sich ein Marmeladenbrot geschmiert, in der Mittagspause mit den Kollegen Wurst mit Pommes verzehrt und zwischendurch gesnackt. All diese Gewohnheiten müssten Sie dann entsprechend durch andere Gewohnheiten ersetzen, keine allzu leichte Aufgabe, insbesondere, wenn Sie emotional mit den entsprechenden Gewohnheiten verwoben sind.

Überlegen Sie sich deshalb, wie Sie die entsprechenden Gewohnheiten positiv und gewinnbringend ersetzen können. Gehen Sie dabei keine faulen Kompromisse ein, da diese nur dafür sorgen werden, dass Sie Ihre Vorhaben schnell wieder über „Bord“ werfen. Überlegen Sie sich, welche Gewohnheit, die auf das Verspeisen von Kohlenhydraten hinausläuft, wichtig ist und warum diese es ist. Im zweiten Schritt überlegen Sie sich dann, wie Sie diese Gewohnheit für dich verändern können, ohne das Gefühl zu haben, auf etwas verzichten zu müssen. Sobald Sie nämlich dieses Gefühl verspüren, werden Sie Schwierigkeiten haben, die Diät allzu lange durchzuhalten. Dann wird die Diät nur lästiges Übel und ist somit zum Scheitern verurteilt, bevor Sie überhaupt richtig angefangen haben. Tun Sie sich deshalb selbst den Gefallen und schätzen Sie realistisch Ihre Erfolgsaussichten, Ihre Wünsche und Bedürfnisse ein.

Mithilfe dieses Kochbuchs wollten wir Ihnen den Weg etwas erleichtern. Wir kennen die endlosen Stunden, in denen wir Rezepte durchforstet haben, bis eines dabei war, worauf wir in der aktuellen Zeit Lust hatten. Durch diese Rezeptsammlung müssen Sie lediglich unsere Vorschläge durchforsten und schlussendlich ein Rezept finden, das Ihrem Geschmack entspricht und gleichzeitig Low Carb ist. Wo haben Sie das schon in einer derart komprimierten Art und Weise? Sparen Sie sich deshalb die Zeit um nach passenden Rezepten zu suchen und überlegen stattdessen, was Sie tun können, um einen langfristigen Erfolg für sich zu erzielen. Welches Ziel möchten Sie erreichen? Wie schnell wollen Sie dieses Ziel erreichen? Was ist nötig, damit Sie dieses Ziel erreichen können?

Urheberrecht

Impressum

Coverfoto & Grafiken: depostiphotos.com

Haftungsausschluss: Die Benutzung dieses Buches und die Umsetzung der darin enthaltenen Informationen erfolgt ausdrücklich auf eigenes Risiko. Haftungsansprüche gegen den Autor für Schäden materieller oder ideeller Art, die durch die Nutzung oder Nichtnutzung der Informationen bzw. durch die Nutzung fehlerhafter und/oder unvollständiger Informationen verursacht wurden, sind grundsätzlich ausgeschlossen. Rechts- und Schadensersatzansprüche sind daher ausgeschlossen. Das Werk inklusive aller Inhalte wurde unter größter Sorgfalt erarbeitet. Der Autor übernimmt jedoch keine Gewähr für die Aktualität, Korrektheit, Vollständigkeit und Qualität der bereitgestellten Informationen. Druckfehler und Falschinformationen können nicht vollständig ausgeschlossen werden. Der Autor übernimmt keine Haftung für die Aktualität, Richtigkeit und Vollständigkeit des Inhaltes dieses Ratgebers, ebenso nicht für Druckfehler. Es kann keine juristische Verantwortung sowie Haftung in irgendeiner Form für fehlerhafte Angaben und daraus entstandenen Folgen vom Autor übernommen werden. Covergestaltung, Abbildungen & Herausgeber: c/o AutorenServices.de, Birkenallee 24, 36037 Fulda. Sämtliche Inhalte dieses Buches sind urheberrechtlich geschützt und dürfen ohne eine ausdrückliche schriftliche Genehmigung des Autors in keiner Art und Weise (elektronisch, in Bild- Ton- oder Sprachform) weiterverwendet, vervielfältigt, kopiert oder in jeglicher Form gespeichert werden.

Printed in Poland
by Amazon Fulfillment
Poland Sp. z o.o., Wrocław

70433049R00166